私に人生の愛おしさを
教えてくれた本と映画

世の中捨てたもんじゃないよ

山田高司
YAMADA TAKASHI

幻冬舎MC

はじめに

現在の社会は先行き不透明だ。二〇一九年十二月に最初の発症者が確認された新型コロナウイルスは日本国内では第八波までに総報告数三一〇〇万人を超える感染者が出ている。(二〇二三年一月) また、二〇二二年二月、ロシアが一方的に隣国ウクライナへ攻撃を加え、未だに侵攻を続けている。この二つの出来事及び関連する事象により、日本経済は今、発展しているのか衰退しているのかよくわからない状況である。コロナ禍では企業においては、新規採用の見おくりや出社停止、学校においてはオンライン授業など、他の人に会うことがままならぬ状況である。また、ウクライナ侵攻においても、ロシアへの経済制裁の反動として、燃料や食料品の価格が高騰しており、先行きが見通せない。

厚生労働省「人口動態統計」によると日本人の自殺者は一九七五年以来二万人を超え、一九九八年から二〇〇九年の十二年間の平均自殺者数は三万人を超えている状況がある。社会的には多くの人々の生活は豊かになったといわれているが、この自殺者の数はいったい何が原因なのだろうか。

ネット社会の進展も実はその原因の一つではないかと思う。パーソナルコンピューターやインターネットの発展は必ずしも負の面ばかりではないことは周知の事実である。美しい書類の作成、膨大なデータの集計、煩雑な伝票の処理、知りたい事がすぐに検索できるブラウザ、電子メールやＳＮＳによる全世界との通信や交流など、ビジネス面のみならず教育や個人生活においても今や必須の存在となっている。しかし反面、この新型コロナウイルス禍の中で進んだ在宅勤務（テレワーク）は共に仕事をしている人たちの姿をぼやけさせ、業務からは少し離れた面でのお付き合いなどはほとんどなくなってしまったことが感じられる。実感の湧かないバーチャルな世界に長く浸かっていると、そのうち出口が見つからなくなる。また、自分の無力感や孤独がつのり、いたたまれなくなってしまうことが想像できるのである。

そんな社会環境の中で、リアルに人生を味わえるきっかけを伝えること、これはとても大切なことだと思っている。本書は感動のある人生を誰しもが送ってほしい、悩みごとを解決する糸口を見つけてほしいという思いから書いたものである。

書籍や映画は人生に関わるいろんなことを教えてくれる。かつて多くの人々がたどってきた道、苦労してきた事などを、平易にわかりやすく教えてくれるものもあれば、学術的に詳しく、かつその裏にある隠れた部分を掘り起こしたものもある。また、反面教師的なものも中にはある。

書籍や映画は玉石混淆《ぎょくせきこんこう》ではあるが、延々と歴史や文化、特に人々の営みを伝えている。私はこれまで人並みの長さを社会の中で働いて来た。その中ではいろんな出来事に遭遇し、思い悩む事も多く、もうここから逃げ出したいと思う事も数多くあったのだが、そんな時、書籍や映画はいつも心の支えとなってくれた。本書で紹介するものはその中でも自分が特に身近にあって印象をうけたもの。読んで、もしくは観て深く感動したもの、自分の生き方に示唆を与えてくれたものを選んだ。「あー、生きてて良かった」とか「この世の中捨てたもんじゃないな」と思った作品を挙げている。

さて、本書は次の五つの切り口で書評、映画評を整理している。書評の中の書籍については映画化されているものもあり、また逆に、映画評の映画も基本的にはすべて原作があるので、書評と映画評は同列に扱っている。

本書に収録しているものは全部で五十六作品。内訳はエッセイ十二話、ドキュメンタリー七話、自伝的小説など事実を元に創作した小説が二話、そして残り三十五話が小説（フィクション）である。本書の目的からいえば、本来はエッセイやドキュメンタリーを紹介する方がなじむのではないかと思うが、フィクションであっても人々を勇気づけてくれるものであれば目的から外れることはないと考えている。元気の出るフィクションを選んだつもりである。

表題のうしろにその文章の主たるテーマ、いわゆる「キモ」を一言で記載した。参考にしていただければ幸いである。

それから第四章の将来への展望（どう考え、どう生きて行くべきなのか）については、若干著者選定に片寄りがあるが私自身が深く信望している著者の書籍を多く取り上げているので、ご了承いただきたい。

各章の中での書評、映画評は時代背景の古いものの順に並べている。最初から読んでいただくのも良いが、今現在あなたが必要としている著書などを拾い読みしていただくのも良いかも知れない。自由に読んでいただきたい。

各章に込められた思いを以下に記載する。

第一章　過去の足跡――先人の努力を見る――

旧習や戦争に翻弄されつつも人々は営々と生き抜いてきた。過去、人々が歩んできた足跡の紹介。現代社会のベースがここにある。

第二章　日常を生きぬく事――くじけそうな時は――

人生の局面は数々ある。とても厳しい境遇に陥り行き詰った時や挫折した時、大きな力に遮られた時、自分の夢が実現できなくなった時……いろんな軋轢や挫折を感じ、精一杯がんばっても抜け出せない、そんな場面に遭遇した時、人はどのように対処していったのか。

苦しく辛い場面を歯を食いしばって打開し、再び日常生活に戻ってくる人の感動的な姿や、子供たちの素直な行動や思い、また、情熱あふれる若者たちの生きざまにも感動させられる事がある。

第三章　社会との関わり――世の中捨てたもんじゃないよ――

一人で悩んでいても解決できない問題、特に社会の制度に起因するような時、人は他人との関わりの中で助けられ、あるいは助け、生き抜くことができる。必ずしもすべてがハッピーエンドにはならないが、人との関わりの中で成長しもしくは癒されていく過程が得難い財産となる。「あー、この世の中も捨てたもんじゃないな」と思える話を集めた。

第四章　あしたへの展望――どう考え、どう生きるべきか――

降りかかってくる問題に対して「場当たり」的に対処、解決していくことは、現実の場面では致し方ない場合も多いと思う。しかし、この社会の中で自らの思いを持ち、自律的に生きて行くことはとても大切な事である。コロナ禍やロシアのウクライナ侵攻など、まさに今、世界や時代が大きく動いている時、周囲の流れに呑み込まれそうになることがある。しかし流されてしまえば将来取り返しのつかない禍根を残すことになるかも知れない。ほんの少し立ち止まり、自分の内なる思いと見比べることが必要である。自分が思う望ましい社会の姿、そのような方向へ舵を取っていくためには個人としてどのように考え、どのような意識を持って行動していくべきなのか。それを考えるのはとても大切な事である。

第五章　去り行く時——親しい人の死・自分の死——

そして、最後に行き着くところは誰もみな同じ「死」である。その「死」という場面においては少なくとも今まで誰一人、その体験談を語った人はいないはずである。そりゃ誰しも一度死んでしまうとその体験談は話せないのであるから。

死んだ後はどうなるのかよくわからない、理解ができないという事は、実は一番不安であり、怖いと思う事なのである。それに対処しようとしても経験則は生かされない。そんな時のために、あらかじめ心の準備をしておくことはとても有意義な事である。自分の死のみならず周囲の人の死という場面に対する対処を前向きに考えておくことが大切なのである。

「死」をテーマとした書籍や映画にふれることによりそれが少しでも身近に感じられるようになることが、来たるべき時にはほんの少しでも「うろたえる」度合いを少なくし、状況を受け入れることができるようになる。故千葉敦子さんは「よく死ぬことと、よく生きることは同じなのだ」とご自身の著書で語っておられる。良き人生のために「死」というものを前向きに考えてみてはどうだろうか。

目　次

第二章 日常を生きぬく事 くじけそうな時は

第三章 社会との関わり 世の中捨てたもんじゃないよ

第五章　去り行く時　親しい人の死・自分の死

第一章

過去の足跡

先人の努力を見る

人々は古来、生きて行くために血のにじむような苦労を重ねてきた。洪水や干ばつ、地震などの自然災害に苦しめられ、ある時は飢饉で多くの人々が飢え死にした。人々を苦しめたのは自然災害だけではない。権力者からの搾取、社会の制度や戦争、腐敗した政治なども庶民の暮らしや生き方にダメージを与えたのである。

しかし、そのような中でも多くの人々は地道な人生を繰り返し、身近なところで努力をし、また我慢をしつつ世代を繋いでいったのである。(『掘るまいか』、『山びとの記』)

この章では、過去、先人の努力によって構築されていったもの、改善されていったものなどの事例を紹介している。

時代の狭間で人生が翻弄された事例（『何が私をこうさせたか――獄中手記』）や、トルコの軍艦遭難に対して献身的な救助活動をしたことが、九十年近くを隔てて、イラン・イラク戦争時、トルコ人が日本人にしてくれた好意（『海の翼』）に繋がっているという話など感動的な出来事もある。

さらに、新しい時代を築く若者たちの溌剌とした姿もある。(『沙羅の花の峠』、『若者たち』)

『海の翼』　秋月達郎

トルコとの篤い絆

新人物往来社　二〇一〇年

一八九〇年（明治二十三年）九月、和歌山県の最南端、大島の沖でオスマン帝国（現在のトルコとその周辺）の軍艦エルトゥールル号が遭難した。台風で荒れる海の中で大島の村民はこぞって遭難者の救助を行った。本書は実際に起こったこの事件を基にして書かれたドキュメンタリー小説である。

この事件では乗組員六百名あまりのうち、生存者はわずか六十九名であった。幸いにして生き残った彼らは、日本の軍艦二隻により、オスマン帝国の首都イスタンブールまで送られた。

時代は下って一九八〇年代後半、中東の国イランとイラクは八年にも渡る長い戦争の渦中にあった。しびれを切らしたイラクの大統領サダム・フセインは最後通告として、イラン上空を飛ぶ飛行機を無差別攻撃すると伝えて来た。

この国に働きに来た人々や観光客は大いにあわて、自国から迎えに来た特別便で、イランを離れた。しかし、日本からは迎えの飛行機は飛ばなかった。自衛隊は法律上の制約から、民間機は労働組合の反対からであった。多くの外国人が去って行く中、取り残された二百名を超す邦人は不安におののいていたのである。

私もその当時、イランに滞在する邦人がこの先どうなるのかと大きな不安を覚えつつテレビで見まもっていた。

そんな中、在イランの日本大使は友人でもあるトルコ大使に日本人を戦禍から救うため、特別便を飛ばしてくれないかと依頼した。欧米各国の飛行機は自国民のみ助け、冷たく去って行く中での出来事である。トルコは自国民がまだ六百人もイラン国内に残っているにもかかわらず、日本大使のこの依頼を快く引き受けてくれた。大使の心の中には百年前のエルトゥールル号遭難事件での恩義があったからなのだ。

エルトゥールル号遭難事件は、トルコでは小学生の教科書にも載っているという。日本国内では、あまり知られることもなかったが、トルコへ帰還した乗組員は日本の、そして日本人の手厚い援助に心動かされ、感動を持ってその話を後世に伝えて来たのである。そして「日本人が困っていたら、次に助けるのは我々だ。」という気持ちを百年間ずっと持ち続けてくれたのである。

感動的なこの二つの出来事を繋げ、これから先の日本とトルコの関係を素晴らしいものにしたいという作者の気持ちが痛いほどに伝わる素晴らしい小説である。

しかしながら、作者は不安も表している。日本人は忘れやすい民族であること、トルコ人より篤《あつ》くない民族であることなどである。イラン・イラク戦争におけるトルコの民間機の勇気ある救援活動については日本人のいったい何人が知っているのだろうか……。

こんな逸話には本当に心うごかされる。浪花節ではないが、日本人とトルコ人の間だけでなく世界中のすべての人々がそんな気持ちを持つことができればもっと住み良い世界になるのではないかと思う。

『何が私をこうさせたか――獄中手記』金子文子　岩波文庫　二〇一七年

厳しい生い立ち、腐敗した社会の犠牲

著者は、戦前の一九二三年関東大震災の際、朝鮮人である夫の朴烈と共に、皇太子暗殺計画の罪で検挙された女性だ。

関東大震災の時には想像もできないような流言飛語が飛び交い、それまで日本人が虐げてきた朝鮮人が暴動を起こすという恐怖から多くの罪もない朝鮮人の虐殺が起こった。そのような社会背景の中で、夫が朝鮮人であるということも相まって、当時の警察がありもしない事件をでっち上げたという説がある。さらに金子文子は投獄され、死刑判決が出た後に無期懲役刑に減刑された。その後、拘置所内で首をつって自殺した。若干二十三歳の若さであった。この出来事も標題の自叙伝を読むにつれなんとなく不自然さが募ってくるのである。

金子文子のこの自叙伝はわかりやすい平易な文書でつづられており読みやすい。ほんのちいさな子供の時から、身近な者達よりいかに酷い仕打ちを受けて来たのか、そして、そんな仕打ちをされた背景にはその当時の社会のありようが人々に影響を与えているということ、そのような内容が冷静に淡々と記録されているのである。

封建的父権制社会、貧富の差、階級意識とそれに基づく差別、そんな社会の中で、社会的責任を負わない入籍のない結婚、そしてその間に生まれた戸籍も与えられない子供、それが金子文子であった。話は飛ぶが、何年か前中国において「一人っ子政策」の元で多く出現した戸籍の無い子供達。日本人の多くはこのことに対してなんて中国はひどい国なのだという感情を持ったと思う。しかし、一世紀にも満たない前、日本もそれほど違わない国であったのである。

しかしながらよくこの手記が残っていたものだと思うのである。それは生い立ちの部分のみを書き、本当に重大な検挙前後の事を書かなかったから残ったのかも知れない。

その時代の社会の不都合な部分、これを記録として残し、反省し、改革していかない社会には未来がない。今ではそんなことは周知の事実である。

そんな記録を残すことすら許されなかった当時、その社会のありようを後世に残してくれたこの自叙伝は本当に貴重なものであると思う。

自叙伝のタイトル『何が私をこうさせたか』はまさに検挙されるに至った背景や自分の生い立ちが延々とつづられているのである。逆境にあっても強く、正直に、まじめに生き、向学心と聡明さを持った素晴らしい女性である。そしてその対称的なものとして、当時の腐臭にみちた社会や権力者の汚さ、姑息さ、そういったものが彼女の文章の行間から見えてくるのだ。彼女が生きながらえていれば社会が良い方向に向かうよう大きな影響を与えたであろう。

彼女の早逝が惜しい。

（一九八四年二月発行の筑摩叢書には鶴見俊輔さんが解説を書いている。）

『青べか物語』 山本周五郎

新潮社　一九六四年

大正末期の社会、貧困、刹那主義、それでも生きる

大正の末頃、千葉県浦安市（小説の中では浦粕町と言っている）が舞台の物語。浦安といえば今や巨大なテーマパークができて大層な賑わいとなっている所だが、当時は釣宿と貝の缶詰工場と、その貝殻を原料とした石灰工場くらいしかない寂れた場所だったようだ。主人公である「蒸気河岸の先生」は作者山本周五郎自身ではないかと思われる。作者自身がそこで暮らし、ふれあってきた町の人々やその地域について書いた小編三十三話により構成されている。そう言ってしまうとドキュメンタリーなのだが、その地の暮らしを見聞きして空想を膨らませたフィクションとも言える。

大正の末というと今から九十年ほど前のこと。今とは異なり、人々は経済的には相当貧しい。しかし、必死に生きていく姿が文章からあふれている。

「青べか」とは漁に使う小舟のことだ。物語は主人公が村の老人から「青べか」を売りつけられる所から始まる。不格好であり、老朽化している「青べか」を法外な値段で押しつ

けられる。ここに住む人たちの狡猾さやしたたかさに気後れしながらも、多くの人達と接触していき、その各々の持つ物語を掘り起こしていくのだ。

ここで生活している人々は全然スマートでなく、泥臭く、礼儀正しくもない。しかし、そんな中から「蒸気河岸の先生」は素晴らしく良い部分を見つけだしていく。

一つ一つの小編は現代とは少し異なる生活環境や人柄などが「素」で表現されており、とても興味深い。また、それらの人々に接する主人公の態度も興味深い。「ごったくや」という飲み屋なのか売春宿なのかわからない店の女給、連絡船や運搬船の船員、地元の若者、そして、一番親しい「長」という名の少年など、それぞれにいろんな鬱陶しい現実を抱えながらも逞しく生きているのである。

「白い人たち」の章では石灰工場の状況が描かれている。掃きだめのようなこの場末のさらに片隅で、男も女も全員裸で貝殻を焼き、全身真っ白になりながら石灰を作っている。そこでは会話はほとんどなく、一緒に働いている者がどこから流れてきたものかも分からない、そこで起きるいろいろな事件。そんな労働の場の情景。

「ごったくや」に金持ちがくると、周囲から女給が、寄って集って金を使わせ、客は身ぐるみはがされてしまう。翌日女給たちは大挙して浅草へ遊びに行き前日に稼いだ金をすべて使ってしまう。なんと刹那的なのか。そんな時代でありそんな世界の物語なのである。

三十年後、作者がそこへ訪れた時、当時まだ小学生だった「長」と再会した。しかし、彼は当時のことは何も覚えていなかった。作者は多少落胆するが、当時はみんな日々精一杯生きていて思い出に浸るような余裕はなかったのかも知れない。

終わりに近い章で作者は言う。「苦しみつつ、なおはたらけ、安住を求めるな、この世は巡礼である」。これは作者の愛読書であるストリンドベリ（一八四九年〜一九一二年スウェーデンの劇作家・小説家、小説『赤い部屋』『痴人の告白』などの作品あり）の『青巻』という本の中にある記述とのこと。作者はここで、自分が浦粕町へ来たのは自分の絶望や失意からであったことをうち明けている。はたして作者はこのストリンドベリの言葉のような浦粕の人々の生活にふれて絶望や失意から立ち直れたのであろうか？

さて、余談ではあるが、なぜ私がこの小説を読もうと思ったのか、それは、わが敬愛する小説家、小川洋子さんが毎週日曜日、東京エフエム系のラジオ番組「パナソニックメロディアス ライブラリー」で本作品の書評を話していたからだ。また、そこでの放送内容は『みんなの図書室2』（小川洋子著、PHP文芸文庫、2012年）に掲載されている。放送自体はなかなか毎週聞くことはできないのだが、文庫にして出版してくれたため彼女の書評を楽しむことができるようになった（もちろんエフエム放送で生の声を聞く方がいいに決まっているが）。書評を読み、もしくは放送を聞き、興味が湧いた作品を読んでいる。この番組はなかなか雰囲気が良く、小川洋子さんの丁寧な語りで、その作品の鑑賞のポイントも教えてくれるのでオススメである。

『人間の海　ある戦後ノォト』 永畑道子　岩波書店　一九九四年

挫折は人生にとって大事な体験

著者は一九三〇年代初期に熊本に生まれた。地方新聞である熊本日日新聞の初の女性記者だ。戦中から戦後にかけて活躍した女性に関する多くの取材及び著書を著している。この本は自伝を柱に、ご自身が取材した明治から昭和の著名な女性、柳原白蓮や与謝野晶子、壺井栄などの知られざる私生活について丁寧な取材から得た成果を著している。ご自身についても変動多き人生の中で得た生き方を書かれており、その力強さには心打たれる。

悲しみをバネにして次の仕事へ、挫折は大事な体験、書く事は未知の人生に出会うこと、このような「脱皮」が人生にとって大切なことである。与謝野晶子はこのような脱皮を

「瑠璃色への飛翔」と呼んだ。人生とはその繰り返しかもしれないと。

文中には柳原白蓮の夫の事が出てくる。世に名が知れた白蓮、その夫はとんでもない非人間的な人、そのように知られていたのだが、実は真逆の真実を彼女は取材の中で突き止める。有島武郎と心中した波多野秋子、その夫春房も大きな誤解を受けていた一人である。壺井栄の若かりし頃傾倒したダダイズムやアナキズム、そしてそこから離れ、故郷小豆島へ帰ってからの執筆活動など、おとなしい女性というイメージを今まで持っていたのだが、そうではなかった事実がこの本を読んで初めて知ることができた。

巻末には敗戦後、日本の為政者のうろたえぶりや、その影で厳しい生活を余儀なくされた女性の事などが冷静にそして如実に書かれている。歴史の裏に隠れていた事実が初めて明るみに出されたという印象を受けた。

映画『母《かあ》べえ』野上照代 原作　山田洋次 監督

松竹映画　二〇〇八年

戦争の過酷さ、特高警察、思想犯、腐敗

舞台は昭和十五年、太平洋戦争前夜である。二人の姉妹初子と照美は優しい文学者の父と、代用教員の母とに守られ、平穏に暮らしていた。彼女達の暮らしでは、お互いに親しみを込めて「べえ」を名前の後ろにつけて呼び合っていた。

そんな平穏なある日、突然「特高」（特別高等警察）と言われる、思想犯を取り締まる警察が土足で家の中に上がりこみ、父を拘束していった。それ以降の父《とう》べえと、母べえ、そして二人の姉妹がやりとりする手紙が主題となる。父べえが検挙された後、父べえの教え子山崎（山ちゃん）が母べえの生活を助けてくれ、また、父べえの妹で画家である久子も応援してくれる。

原作は野上照代（実は、映画の中に出てくる次女である。）が一九八四年の読売女性ヒューマン・ドキュメンタリー大賞に『父へのレクイエム』という題名で応募したもの。優秀賞を受賞したこの作品を山田洋次監督が映画化したものである。

キャストも豪華で、主人公母べえには吉永小百合、山ちゃんには浅野忠信、久子に檀れい、大人になった初子に倍賞千恵子、照美は戸田恵子、奈良の叔父、藤岡仙吉に笑福亭鶴瓶。戦時中を背景とした映画なので、当然かつてそうであったやりきれない風景が織り込まれている。たとえば、小学校では奉安殿《ほうあんでん》（天皇と皇后の写真及び教育勅語を収めていた建物）に向かって「君」（天皇）の世の中が栄えるように……という歌を歌う事が強要され、町中では愛国婦人会の「おばはん」が、「贅沢撲滅運動」として服装が華美だとか口紅を付けるなとか注意する。そして、反感を持って抗議すると「非国民」という叫びと共に特高警察が拘束しにくるのである。

奈良の叔父（笑福亭鶴瓶）はハチャメチャな人間で、思春期の初子に対しても全くデリカシーの無い発言をしたり、愛国婦人会の「おばはん」などに対しても「自分が一生懸命稼いだ金で買ったもんや。なんで供出せなならんねん。」と遠慮はしない。母べえは、このように言いたいことを言う叔父を見ていつも心癒されていたのだ。結局はこの叔父も、吉野の山奥で亡くなってしまうのだが……。

やがて、父べえは獄中で病気になり死んで行く。山ちゃんは召集され満州へ行く。そこから南方に転進する時貨物船が魚雷攻撃され山ちゃんもまた死んでしまう。久子は郷里の広島で原子爆弾を受け、二か月苦しんだ末亡くなってしまう。

物語の最後、母べえが年老いて亡くなる間際、次女照美に伝えた言葉、これが重い。さらにその最後に挿入される山ちゃんの声による母べえにささげるレクイエム。

大変な時代にあっても、人を愛すること、誰かのために生きる事がとても大切な事であることが感じられる。

映画の中では当時、権力を持った者達の姿も出てくる。かつて警察官であった母べえの父が後妻を連れて、警察指定の旅館に泊まり、スキヤキを食べるシーン。「ここには肉だって玉子だって何でもある。」その父が「戦場では兵隊はろくな物を食べていない。ましてや思想犯に食わせる飯など日本中どこをさがしても無い」という。

多くの国民が耐乏生活を送り、戦場では食料も無く命をかけて戦っている兵士がいた。そんな状況で、スキヤキを食べることができた母べえの父に対し、「一体どの口が言うてるんや！」と、唇をひねり上げてやりたかった。

『背中の勲章』 吉村 昭

敗戦後の捕虜の心境、日米の違い

新潮社 一九七一年

第二次世界大戦で、アメリカ軍の捕虜になった一人の信号長の敗戦までにたどった道筋を書いた記録小説。

この小説に限らず吉村昭氏の記録小説は綿密な取材と調査を基に作成されている。事実の記録といっても過言ではないと思う。この小説も、モデルとなったご本人への取材を基に作成されており、細部に渡る心の動きなどが素晴らしいリアル感を持って読者に迫ってくる。

本土より七百二十海里離れた太平洋上で、百トンにも満たない鰹漁船の信号長として配属された中村は、アメリカの太平洋艦隊を発見し、本土へ無線連絡する。無線電波を発射するということは、自分の存在を敵に知らすこととなり、その段階で撃沈されることが必須となる。言わば特攻の一形態とも言える。十五名いた乗組員のうち一〇名は敵の攻撃により死亡。残る五名が俘虜となり、ハワイ、そしてアメリカ本土に送られ、収容所に収監される。背中の勲章とは与えられた囚人服の背中に白ペンキで描かれた「PW」という文字のこと。「Prisoner of War」の略である。

当時、日本は国際的に取り決められた戦争捕虜の扱いに関する協定を批准していなかった。それどころか、「生きて俘虜の辱めを受けず」という戦時訓に基づき、生きていることは許されなかったのである。中村は元より、捕虜となったすべての者達はその当初、いかに死ぬかということしか頭になかった。もし、自分が捕虜になれば、国に残してきた家族は揶揄《やゆ》され、生きて行けないという思いがあったのである。

当初中村達は偽名を使い、尋問には協力せず、隙があれば自殺を試みていた。しかし、そのうちに、今は生きて、日本軍のアメリカ上陸の時、背後からの支援をするために生きようと気持ちが変わってきた。日がたつにつれ、捕虜はどんどん増えてきた。ミッドウェー、ガダルカナル、ソロモン、そして沖縄、各地の戦闘でおびただしい捕虜が増えたにも関わらず、日本軍のアメリカ上陸という思いは決してなくなることは無かった。彼らには戦況は伝えられなかったからである。

終戦になっても、それは伝えられず、知らないままに本土への送還となったのである。アメリカ軍の捕虜に対する対応は素晴らしく丁寧で紳士的であり、初めて日本本土を空襲したドゥーリットル爆撃隊の米兵が日本の捕虜になり即刻死刑となった日本のやり方とはヒューマニズムの点において大きく異なる。

敗戦とは言わば日本国民全員が捕虜になったのも同じであり、外地で捕虜になり帰還した者と同等なのである。しかし、帰還した彼らは肩身が狭かったのである。

吉村氏はこのような場面も極めて冷静に自己の感情を抑えて淡々と小説にしたためている。そのためこの小説は非常に格調高いものとなっているのだ。

私は先の戦争では日本は負けて良かったのだと思う。天皇という大元帥《だいげんすい》（陸海軍の最高指揮官）の存在及び、それを担ぎ上げる軍部の精神論これが日本国民を不幸のどん底に落とし込んだ原因であったのだ。

今、北朝鮮の状況がかなり明確に伝えられるが、戦前の日本もこれに勝るとも劣らずのやりきれない状況であったのである。

映画『掘るまいか　手掘り中山隧道の記録』橋本信一監督　二〇〇三年

村人自らが作ったトンネル、村民の協力

一九三三年から十六年の歳月をかけて、新潟県山古志村の村民が日本最長の手掘りトンネルを完成させた。この映画はその記録である。

山古志村は、比較的開けている隣村まででも片道十二丁（約一・三キロ）の山道を歩かねばならず、冬場は雪に閉ざされ、病人が出ると人の肩に背負われてその雪の山道を越えねばならなかった。そのため多くの病人は助からず、また、雪道で遭難もした。その状況を悲しんだ村人の一人がトンネルを掘ろうと提案したのだ。誰しもが思っていながら口に出せなかったことであり、そのことで村は二分され、推進派と慎重派に分かれてしまった。推進派は市や県に陳情にいってもなかなか取り合ってもらえず、とうとう自分たちで掘る事を決め、掘削を始めた。

トンネルの延長は約一キロメートル。掘削は片刃のつるはし。二人ならんで人力で掘っていくのである。山は比較的堅い軟岩であった。掘削速度は一日に三十センチしか進まなかった。時代は日中戦争が始まり、その後終戦を迎える時とほぼ同じ時期であった。工事は戦争のため一時中断もし、結局十六年の歳月をかけてようやく完成したのである。掘削途中たまり水が出た時もあったが、事故も無く何とか貫通にこぎ着けた。トンネル断面は二人がやっとすれちがう事ができる広さであり、満足な測量器具や知識が無い中、つるはし一本で掘り抜かれたことは驚嘆に値する大事業である。途中、推進派の中心人物が村長になり、県に陳情してやっと林道としての補助がでることとなった。しかし、その条件として村全体の嘆願書が必要ということになった。打ち合わせが重ねられた結果、慎重派もトンネル工事に協力することとなり、ようやく村が一つになった。

掘削のズリ出し（土砂の搬出）には各家から蚕棚の材木が提供され、それが線路となった。そして、終戦後の作業では、トロッコが導入され、鉄のレールを人が肩に担ぎ峠越えをしたという。このトンネルの施工にあたっては、この村独特の井戸である、水平の井戸を掘る技術が役立ったとのことである。ふつうの井戸は地面を垂直に掘るが、この地域では山の斜面を水平に、人がやっと入っていける幅だけ掘っていき、水脈を集める方法を採っていた。そのため人力によりトンネルを掘る方法はすでに過去より実施されていたとのことで、これらの井戸のトンネルの総延長は長いものでは何百メートルのものもある。

今ではこの手掘りの中山隧道トンネルのすぐ横に新しく国道トンネルが掘られ、村の生活は随分便利になった。しかしそれまでの間、この手掘りのトンネルは村人の生活を支え、多くの人命を救ってきたのである。

当時掘削に携わった人々はみな高齢にはなっているが、その顔は素晴らしくいい顔であり、やりがいのある大事業をやり遂げたという満足感に満ちている。今の時代で言えば、たかだか一キロの小さなトンネルではあるが、この中山トンネルは十六年の歳月をかけた悲願のトンネルであり、素晴らしくやりがいのある事業で、完成時には大きな感激が味わえたであろう類まれな歴史遺産であると言える。

私がこの映画を見たのは二〇〇四年、国土交通省在職時代、年に一回開催される「建設技術展」の中であった。地道な村人の十六年の長きに渡る尽力が成し遂げたこの事業に、機械化施工が全盛のこの時代にあってなお「人の力はすごい」とただ素直に感動したものだった。

『山びとの記――木の国 果無山脈』 宇江敏勝

中公新書 一九八〇年

林業の記録、長い歳月の山暮らし

著者は生まれてから今に至るまで山に暮らし、山で働いてきた。本書は斜陽の産業、林業に携わりそれを底辺で支える人々の生活、慣習、変遷を紹介し、また、山での食事、山で出合う動物達のことなども書かれている記録である。

時代背景は一九五〇年代後半から一九八〇年代少し前くらい。宇江さんは一九三七年生まれ、親の代は熊野の山中で炭焼きをやっており話はそこから始まる。炭が石油やガスに取って代わられると、次に植林や伐採などの林業につく。和歌山と奈良を隔てる果無《はてなし》山脈、ここでの十数年間の植林生活が主たるものである。作業の様子や山小屋での暮らし、当時の物価や林業の推移など、細かく記述されている。きっと、宇江さんはその時期、克明な記録をとっていたのであろう。山での仕事は単調で重労働だったのであろうが、そんななかでもこれほどの話題や、変化を記録されているのは宇江さんが日頃から自分の携わる仕事に大きな興味を持ち、リアルに取り組んできたからだろう。

林業の労働は非常にきつく苦しいものである。しかし、著者の言葉からはその苦しさがあまり感じられない。むしろ山に入り、山で仕事をすることに楽しみを見いだし、さらには都会で暮らし、人垢にまみれる生活と比べれば解放感すら感じられる生活であると言っている。

著者の話しかたは、山での生活が素晴らしいもので「あなたもやってみなさい」と人を勧誘しているわけでは無い。アウトドアばやりで、立派な四輪駆動車に乗って我がもの顔に山中を走り回る者たちに対して山びとの代表として苦言を呈するわけでもない。また、斜陽産業である林業に携わっているものの厭世観を表しているわけでもない。ただ、たんたんと自分自身の山暮らしを楽しみ、経験してきた山での生活から感じたことや林業を取り巻く社会の変遷、それを担っている人々の変遷を長い視点で記録している。本書の背景には膨大な著者自身の時間（人生）が蓄積されていることを感じさせられる。

私がこの本を読んだのは一九九三年、三五歳の時である。ただ一人の部署で周りの事に目を向ける余裕も無いほど忙しく立ち働いていた時期であった。長い歳月をかけて成長する樹木、それを育む山を相手に暮らしていると、このような視点に立てるものかと思い、自分自身の日々あくせくしている都会での生活を深く反省させられたものであった。

映画『沙羅の花の峠』　山村聰 監督

日活　一九五五年

若者達が開く明るい未来への展望

時代背景は戦後十年、新たな時代へ向かっての若者達の成長と、旧習との闘い、そして無医村という社会問題に対する問題提起をした物語である。

映画の冒頭は湘南の、とある田舎町で若者四人、また別のグループとして、田舎の村の人達四〜五人が逢うところから始まる。行く先は検察局萱野分室というところである。

場面は変わって、病院のインターン生である俊子（南田洋子）を含む若者六名が山深いところにキャンプに来た。若者の若々しい姿、歌声、そして踊りまわる生き生きとした姿は、現在の若者の感情の表現とはまた違う当時の若者の感情の発露として爽やかさを感じさせる場面である。

若者グループは峠で沙羅《しゃら》の木を見つける。沙羅の木は満開であった。若者達はその峠を「沙羅の花の峠」と名付けた。若者の一人は峠からふもとの村を見た時、異常に気付く。神輿の練習をしていた子供の一人が倒れているのだ。若者達は急いで峠を降り、村に向かった。

子供は「お腹が痛い」と呻いており、インターン生であった俊子が見ると急性盲腸炎であることが想定された。村には医者が居ないため、若者三人と、子供の叔父が他の村へ探しにいくことになった。唯一見つけた医者は酔っ払っていたが、ほかに治療できるものもいない事からその医者をリヤカーに乗せて連れて行くのである。

一方、子供の容態はさらに悪くなり、戸板にのせて医者のいるところまで運ぶことになった。酔っ払いの医者を乗せたリヤカーと病気の子供を乗せた戸板は沙羅の花の咲く峠で無事落ち合い、そこで手術が始まった。俊子ら若者達の協力もあり酔っ払いの医者の手術は無事成功した。

書いてしまえば大したことはないが、実は、子供を運び出すこと、手術をすること、それに至るまでには村の古い慣習と俊子ら若者達との感覚の差が非常に大きかった。かたや昔からの言い伝え、迷信、呪術の世界、かたや現代医学と合理的考えの葛藤がそこにあったのである。

手術成功の祝宴の半ばで若者達はキャンプへと帰っていき、その日の事件や、俊子が将来医師になることについての思いなどがそこで話されるのである。この場面がこの映画の一つの核心と言える。

映画は最初の検察局萱野分室に戻る。ここで二つ目の核心がある。手術をした医者は実は「にせ医者」(獣医)であった。戦争中に頼まれてしかたなくけが人を診ていたのである。若者達はその事実経過を検察より問われたのだ。

検察官の尋問に対して、にせ医師の言った言葉、そして検察官の問う言葉が一九五五年当時の社会状況を反映している。それはその当時、山間部にたくさん存在した無医村の状況であったのだ。

一九五五年(昭和三十年)、私がまだ生まれる前である。戦後十年というまだ戦争の傷が癒えない時期、溌剌とした若者達の姿は旧習を打ち破り、明るい未来への展望を期待させる。

また、にせ医者の行為はヒューマニズムと共に無医村という社会問題を浮き上がらせているのである。

その時代より七十年近い年月を経た現在、戦うべき旧習や迷信は無くなった。しかし、俊子達若者が持っていた溌剌とした若々しさ、純粋さ、真っ直ぐに進んでいく真面目さ、自分は何をしなければならないかということがわかっている自立心というものが今の若者にも持ち続けられているのかという一抹の不安を感じたのも事実である。

『忘れられた日本人』　宮本常一

日本の古の風習、地道な記録

岩波文庫　一九八四年

一九六〇年、未来社から出版された同名の本が底本となっている。民俗学者宮本常一氏が日本全国を歩き、民話や伝承を集めてまわった記録である。

対馬、瀬戸内、愛知県設楽町、周防大島、各所で集められた古老達の話はとても興味深い。時代背景は江戸時代末期から昭和初期であるが、歴史教育の中では激動する政治、経済、国際関係がもっぱらの話題であり、庶民がその頃何を思い、何をしていたのかということが実はあまり耳目にふれることがなかった。そんな場面が収集されているところがとても興味深いのだ。たとえば男だけでなく、多くの若い娘達が、放浪の旅に出ていたとか、鉄道もまだ発達していない時代、徒歩で遠い所まで湯治に出ていたり、旅芸人や八卦見として糊口をしのぎながら旅に出ていたりした者もいた。旅に出る事が当時は世間を知るための大切な行為であった。

また、「ヨバイ」という風習はごく一般的にあり、夜中に未婚の女性の寝屋に忍び込み、性行為を行う、親は別室で知らないふりをする。娘の所に夜這いに来てくれる男性が居ないということは由々しき問題ととらえられていたという事実があったこと。娘は結婚するまでは貞操を守る……なんて感覚はもっと後世にできた慣習だったということなど、なかなか信じがたい現実があった。

「田植え歌」という風習があった。稲作は昔から延々と営まれていた農業のメインであるのだが、その中で一番辛い労働が田植えであった。昔、田植えは女性の仕事であり、男性はその補助しかしていなかった。田植えは各個別の所有する水田をその耕作者が単独でするわけではなく、村総出でやっていた。辛い仕事を奮起させるため太鼓を持って歌う男が居り、田植えをする早乙女はその拍子に合わせて田植えをしていたのである。しかし、それも農地解放などの歴史的な出来事があり段々廃れていったのである。

対馬開拓者の梶田富五郎の話も興味深い。魚のブリを求めて、対馬にわたった漁師が村を開き、発展してゆくという話だが、当時の港作りのやり方などが記述されている。

馴染みの土地の話も出てくる。大阪近郊の南河内郡滝畑村、本書では明治維新の時にこの地における大阪から紀州に落ちる浪人者の往来が記載されている。

また、私が今住んでいる兵庫県の加古川東岸についても記述があった。村人が「寄り合い」をする四阿《あずまや》つまり「お堂」が非常に多い土地であるという。確かに周囲にはあちこちにお堂がある。三方が開けており、一方に神棚だか仏壇だかがあるお堂である。大きさは四畳半くらいか？　子供の頃はよくそこで遊んでいたが、何をする場所なのかは全く知らなかった。

本書は取り立てて光が当たることも無い地方部の庶民の生活や昔から伝わる風習などをその地に住む老人などから聞き、記録したものである。時が経てば失われてゆくものも多かったであろう。とても貴重な民族学的記録であり、素晴らしい成果であると思う。

映画『若者たち』森川時久監督　一九六七年

貧しさからの脱出、六〇年代の社会

太郎（田中邦衛）、次郎（橋本功）、三郎（山本圭）、オリエ（佐藤オリエ）、末吉（松山省二）一九六〇年代後半、両親を失った五人兄弟が喧嘩しながらも、懸命に生きていく姿を現した映画。「山田洋次監督が選んだ日本の名作一〇〇本（家族編）」の内の一本として衛星放送で放映されたもの。

工事監督をして弟達を育てた長男太郎は、長屋生活から抜け出し、家を建てるのが最大の夢。親会社の監督の娘との縁談の中で、学歴のない太郎に対して大学卒の四倍も五倍もの年月を掛けてやっと追いつくという生活には付いてゆけないと言われ破談。次郎は、妾の娘とさげすまれ、働いている工場がつぶれて日用雑貨を売り歩き、あげくに労働組合の幹部に金を持ち逃げされ飲み屋の女給になったマチ子を立ちなおらせる。学費闘争にあけくれる大学生の三郎は大学をやめ、看護婦になるという友人河田靖子（栗原小巻）の生き方に心動かされる。末吉は、浪人して大学の一次試験には合格するが、二次で不合格であった。働きに出るという末吉に対して学歴が無く苦労をしている太郎は大反対する。長女オリエは喧嘩の絶えない兄弟に嫌気がさし、マチ子のアパートに身を寄せるが、マチ子の姿を見て生活の厳しさを知り、工場で働こうとする。そこで被爆者の戸坂（石立鉄男）と出会い恋に落ちる。生活の厳しさを知ったオリエは、家に戻ってくると自分も兄たちと同じように働きに出るという。

一九六〇年代後半、日本は未だ戦後の貧しさを引きずっていた時代。懸命に生きる人々の暮らしや、工場の姿、労働組合運動、若者たちの夢や苦悩が五人兄弟の生活をとおして描き出されている。

この映画を特徴づけているのは食事風景と兄弟喧嘩の場面だと思う。長屋での兄弟の食事風景。とにかくガッつく。生きる執念を表すかのような風景。そして、工場やアパートでの食事風景。食べることとはこれほどまでに人間の本性を露わにするものなのか。そして喧嘩の場面。これもまた凄まじい。「ちゃぶ台返し」なんて大したことはない。ふすまは破れ、ビール瓶をつかんで殴りかかり、あらゆるモノが飛び交い、そして壊される。その喧嘩の中で飛び交い、壊されるのは物だけでなく兄弟それぞれの思い、思想、そして苦悩なのである。

最後に三郎、末吉がトラックの荷台に乗り明日に向かって労働に行く場面、そして、オリエの戸坂との再会が明るい未来を予想させて映画は終わる。

元はテレビドラマであったが、後に映画化されたもので、主題歌の「若者たち」も大ヒットした。佐藤オリエの庶民的な素朴な笑顔はとってもよかった。

第二章

日常を生きぬく事

くじけそうな時は

日常を生きて行く事は安易なようで結構難しい。しかし、人生にとってはこれが一番基本である。必死で生きて行かなくてはいけない。この章では日常を生きて行く中での出来事やそれに対する対処、生き抜くために必要な事などを紹介している。「あー、生きてて良かった」と思えるような場面を味わってください。

旧制高校時代の寮生活、姉の霊に助けてもらいながら成長していく妹の姿、孤独の中より人生の展望を見出す、子供達の成長する姿、人生には休養も必要、ありのままの姿も素晴らしい、社会へのささやかな挑戦など、日常の中での感動するお話を集めている。

「死ぬことぁない。死ぬまでもない。人を押し退ける勇気がなくても、死ぬ勇気はなくても構わない。私の目の前にあるのが唯一の現実である。死者も含めて現実である。死者を想うのも現実であり、幻想に悩むのも現実である。そんな、人それぞれ違う現実の中では、正解なんてありゃあしない。悩んでいても時間が過ぎる。何かをしなくては生きては行けない。後悔しなければいいのだと思う。それが、唯一の解答ではないだろうか。」（『父と暮らせば』（井上ひさし））より。

映画『ダウンタウンヒーローズ』早坂暁 原作　山田洋次 監督

松竹　一九八八年

青春は煌めく日々

深く感動した。盛り込まれている多くのテーマがあり、青春の初々しさ、頼りなさ、まじめさ、正義感、傷つきやすさ、それらが溢れんばかりに感じさせられる。自分が忘れかけていた一番大事な感覚である。

メインのストーリーは恋愛小説。旧制松山高校の生徒「洪介」（中村橋之助）と、本映画のマドンナである高等女学校生「房子」（薬師丸ひろ子）が寮対抗の演劇祭で知り合いお互いに心奪われる。しかし、洪介に恋敵「オンケル」（柳葉敏郎）が現れ、その恋敵より房子へ自分のラブレターを房子に持って行ってくれと頼まれる。洪介はラブレターを持っていくが、房子は受け取らない。房子は洪介が好きであったのに、オンケルの手紙を持ってきたことに落胆したからだ。

オンケルは高校をやめ、芝居小屋をやる。その後洪介は房子に告白するが結局は一緒にはならなかったとの独白がはいる。このあたりは『さびしんぼう』（大林宣彦監督、東宝、一九八五年、尾道三部作の一つ）の最初とよく似ている。好きであるのに一緒になれないということが、見るものの多くの現実の生活に共鳴するのかもしれない。（実は私もその当時、同じ境遇であり胸締め付けられる思いで最後まで見たことを思い出す）

映画評を離れて私のことであるが、何年か前に、中学校の同窓会があった。その時の感覚もこれと似かよった雰囲気があった。どちらにも共通する点はそこに青春があったこと、そして今は、そんな時代から非常に遠くへ離れて来てしまったこと。そしてそれは二度と取り戻すことが出来ないことだということ。

付加的ではあるが、本映画には他にもいろいろとテーマがあった。ドイツ文学の教師（米倉斉加年《まさかね》）が旧制高校で最後の授業をやり、その中で、君達の得た自由はフリーダムではなくリバティである、という場面。「自由」は努力して手に入れるものという意味だ。涙を流しながら教授に拍手を送る生徒達の姿。こんな感動を呼ぶ教授、講義にはなかなか出会えない。

全編に山田洋次らしさが出ている映画であった。早坂暁の自伝的小説がもととなっているが、旧制高校の描写やシナリオは北杜夫の『どくとるマンボウ青春記』（新潮文庫、二〇〇〇年）と非常に似通っている。むさ苦しい、非常識、熱血の中に純粋がある、それが青春だと思った。

過ぎ去った青春をいくら思っても、帰ってくるものではない。しかし誰しもそんな楽しく、苦しく、切ない一時期を過ごしたはずだと思う。人生はなかなか思い通りに行かないものでもある。自分一人の思いだけでもそうなのだから、周りにいる友人や異性などとのふれあいがあればなおさらその記憶は印象深く残っているのだ。そして年を経るごとに、その頃のことは大切な思い出として蘇ってくるのである。

『花石物語』 井上ひさし

人は人の中で成長してゆく

文春文庫　一九八三年

この小説は井上ひさしの若かりし頃の自伝と言われている。他にも自伝的なものはある。『モッキンポット師の後始末』（講談社文庫、一九七四年）もそうだ。どちらもユーモアとペーソスがふんだんにちりばめられており、読んでいて面白いが結構悲しい場面も多い、笑いと涙の青春小説である。

小説の舞台「花石」は釜石がモデルである。遠野から汽車で約半日、大きな製鉄所のある漁港といえば釜石なのだ。花石以外は実際にある地名を使っている。

学生である主人公の母はここに住み、屋台を曳いて生計を立てていた。主人公は夏休みを利用して長い時間汽車に乗り母親の所を訪れる。実は彼はある病気にかかっていた。彼は四谷の坂の上にある鷲のマークの大学に通っているのだが、東京大学の銀杏のマークや早稲田大学のペンのマークの記章を見ると劣等感を感じ、吃音になってしまうのである。それは自分に自信が無いということの現れであるのだが。

この物語はひと夏に主人公が出会った人達のことや、色々な事件のことを書いている。また、アルバイトをした船会社や行商などで失敗ばかりしたことも。この時代の雰囲気は私達の青春時代（一九七〇年代後半）のそれとは少々異なる。当然現在の雰囲気とも違うのであるが、その中で生きている主人公の真面目さ、また、情に流されやすいことなどは、時代背景の違いとは関係なく愛しさが募ってくる。

主人公に大きな印象を与え、また、アルバイトを紹介してくれた重要人物がいる。となりの家の二階、主人公の住んでいる部屋の向かいの窓の住人、かおりである。彼女はそこで女郎をしているが、「苦界に身を投じた」というような暗い雰囲気は全く無く、とても明るく振る舞える女性であった。その彼女のために主人公は物語の終わりに、ある決意をするのだった。

物語の大部分は東北弁の会話形式で進んで行く。これがまたいい。記述は標準語だが、東北弁でルビが振ってあるのだ。最後まで読みとおすと相当東北弁が理解できたような気になるのである。東北弁は難解ではあるが、とても親しみやすく優しい言葉であることがわかる。

映画『ふたり』　赤川次郎 原作　大林宣彦 監督

松竹映画　一九九一年

一生懸命生きて行く、人生の愛おしさ

人生を抱きしめたくなる映画である。そして、なんと自分は（時間的に）遠くへ来てしまったのだろうかと昔を惜しむ気持ちが湧きあがる作品である。赤川次郎氏の小説を映画化したもの。

二人姉妹の姉であるしっかり者の「千津子」（中嶋朋子）が交通事故で死んでしまう。母「治子」（富司《ふじ》純子《すみこ》）はそれが原因でノイローゼになり、父「雄一」（岸辺一徳《いっとく》）は北海道へ単身赴任して不在であるため、妹「実加」（石田ひかり）は母を支えようと努力する。そしてある事件が起こり実加が苦境に立った時、姉、千津子の亡霊「おばけ」に助けられる。その後、頻繁に姉のおばけに出会い、いろいろな事を相談するようになる。やがて美加は成長し、かつて姉の知り合いであった智也（尾美としのり）に出会い、ほのかな想いを抱くようになる。

なんでもできるお姉ちゃん。死んでしまった「おばけ」のお姉ちゃんに頼って生きてゆく主人公の心の成長の過程が描かれている。そしてやがて実加が成長した時、お姉ちゃんは出て来なくなる。

「人生は楽しいことも辛いこともすべて自分で持っていかねばならない。」実加の親友である旅館の娘「真子」（柴山智加）の言葉である。彼女の現実をしっかり観て、気丈に生きていく姿、そして親友を気遣うやさしさも素晴らしい。

振り返って自分の事になるが、人生はなんて素晴らしいのだろう、なぜ自分はこの煌めく星のような人生を粗末にあくせくと生きているのだろうという反省と、生きるということのもっとも大切な、感じなければならない部分を疎かにしていることに気づかされる。

こんなに心揺さぶられる映画を見ると深い反省と更なる焦りが実は湧いてくる。もっと人生を噛み締めて生きて行くべきだと思うのである。

原作・赤川次郎、監督・大林宣彦、主題歌「草の想い」は作詞が大林宣彦氏である。「新・尾道三部作」の一つであり、尾道の坂や港町が映し出され懐かしさを感じさせる風景である。

人は二度死ぬ。一度目は物理的な死、そして二度目は人の意識から忘れ去られることでの死。姉は「おばけ」ではなくなったけれど、妹の心の中にずっと生きていく。そのために、妹は姉のことを書き留めようとする。また、智也が船で旅をする仕事に就くことになり、実加に一緒に来てくれないかと問う（これはプロポーズでもあるのだが）。そう言った時、実加は「私は心の中でどこへでも行けるし、誰とでも会える、だからどこへも行かずにここにいる」と答えた。この部分は原作者赤川次郎氏の心情を表現したものだろう。「遠くにいても近い人、近くにいても遠い人」これは大林氏の良く使うフレーズだ。『あした』（赤川次郎 原作、大林宣彦 監督、東宝、一九九五年）にも同じ言葉が出てくる。人と人との関わりとはそういう面がある。

世の中には気丈な人たちばかりが暮らしているわけではない。弱くても、不器用でも、一生懸命に生きている人がいる。それを知ることの大切さ。これもこの映画の一つのテーマだ。

『ムーン・パレス』P・オースター　柴田元幸 訳

新潮文庫　一九九七年

孤独と闇の中より人生の展望を見出す

著者ポール・オースターの自伝的小説である。

あらすじは、母を亡くし、その後面倒をみてくれた伯父を亡くして天涯孤独になってしまった主人公マーコ。自暴自棄になるが、命を落とす寸前に友人に助けられる。その後、祖父に会い、また生き分かれていた父に会い人生が開けてくるというお話。

第一印象として感じたのがこの物語の底に流れている「締め付けられるような孤独感」が痛々しい。それを癒してくれたのが、キティ。しかし彼女ともその後別れる運命にある。前半は自分自身の人生を見つけられないままセントラルパーク周辺を彷徨し、危うく命を落としかける場面。中盤はひょんなことで知り合ったキティと共に暮らしながら、気難しい老人の世話をして生きてゆく日々。

その老人が亡くなった後、老人のただ一人の息子バーバーに会い、老人の足跡を二人でたどることを決めた後に、バーバーが自分の父であることがわかる。後半は自分の父バーバーと死別した後に祖父の足跡を探す日々。

一九七〇年代の若者の孤独感、人生に対する目的の喪失、人生を見つけるための放浪。これらが濃厚に描かれている小説である。主人公が一番目的意識を持って人生を送れたのは、祖父(と言っても当時は自分の祖父とは知らずに世話をしていた一人の老人なのだが……)と共にその祖父の死亡記事を書く日々であったのだと思う。

何という偶然(そりゃあ小説だもの、どんな偶然でも創出することができるのだが……)自分が世話をしていた老人、実は主人公マーコの祖父であったエフィング、その息子バーバーが自分の母の教師であり、たった一度の逢瀬でできた子供が自分であった。しかも、エフィングと知り合ったのは本当に偶然のことで、主人公が長い間エフィングの世話をしている時はエフィングが自分の祖父であることを全く知ることがなかった。そしてそれはエフィングの側も同じであった。

エフィングの若き頃の冒険話、マーコの心情、父バーバーの人生、どれも趣が異なる話ではあるが、非常にうまく結び付けられ小説全体のまとまりは良い。

中華料理店「ムーン・パレス」から始まる「月」というイメージもこの小説のキーワードの一つとなっている。月は、インディアンの心象世界では「明日」を表す言葉であり、画家である祖父エフィングの友人の月の絵の印象。マーコが放浪の末、行き着いた太平洋岸で見た月もこれからの人生の始まりであることを決意させるものであった。

主人公は孤独と闇の中で必死にもがきながら最後にようやく自分の人生の展望が見えてきたのである。

非常に多くの余韻が残る小説であり、七〇年代に若者であった世代（私はそれよりちょっと若い世代なのだけど）の心象を色濃く表現している小説である。


映画『NAGISA《なぎさ》』村上もとか 原作　小沼勝 監督　フィルム・シティ　二〇〇〇年

子供から大人へと成長する姿、健気さ、素直さ、気丈さ

平成十二年制作の映画。舞台は昭和三十年〜四十年代ころと思われる。稲の絵の百円玉が出てきていた。

主人公なぎさという少女のひと夏の経験を綴ったもの。なぎさは十二歳、小学六年生である。漁師である大好きな父親を亡くし、母親と二人暮らし。母親は居酒屋を経営し、

日々愛想を振りまく接客をしている。なぜ、そんな対応ができるのか子供のなぎさには理解できない。夏休み前の成績表で体育が一つだけ上がった。成績が上がったら欲しいものを買ってやるという約束だったので、レコードプレーヤーを買ってくれと母親にせがむが、母親は体育は勉強ではないと拒否。なぎさはプレーヤーを買うために、伯母の経営する海の家でアルバイトを始める。最初はなかなか商売上の冗談が言えない。この生真面目で初々しいところが良い。そんなところへ、伯母の娘が不良と共にスポーツカーで帰ってくる。昔の不良は佇まいだけでレトロである。派手な服装、モンキーダンス、オープンカー。ノスタルジーを感じる映画である。

また、東京へ出ていった同級生のお嬢さんが夏に帰ってくる。ホテルのオーナーでお金持ち。なぎさの母親とは昔そのホテルで共に働いており、オーナーを巡ってのライバル同士であった。そんなことを背景に、そのお嬢さんの作り話に乗せられてしまうなぎさ。

また、入り江で水泳をしている時に出会った男の子。体が弱く、泳げずに、漂流物を集めていた少年になぎさは水泳を教えてやる。ある日不良の「おねえさん」に誘われて、パーマをかけ、夜のパーティにいくことになるが、その前に少年に水泳の特訓をしに行く。しかし、どうしてもその髪型ではその少年に会うことができず、翌日おかっぱ頭に戻してしまう。このあたりも子供から大人への揺れ動く少女の心が感じられる場面だ。

おかっぱ頭にしている間に少年は離れた島までの水泳に挑戦し、溺れて死んでしまう。救急車のサイレンを聞いたなぎさはもしやと思い、いつもの入り江へ行く。途中で神主に会って少年が溺れて助からないのではないかと言われ、気を失ってしまう。

夏も終わり、海の家は店を畳んだ。アルバイト料で念願のプレーヤーも買えた。しかし、心は晴れない。少年のお父さんがなぎさに会いに来て、少年が生前に集めた漂流物の標本を見せる。不明な石、空白の標本箱の枠、それらの謎を父親に話し、空白の枠には、ガラスのかけらを入れる。

秋の湘南の浜辺、人気のない波打ち際、なぎさは一人で歩きながら少年のために泣く。空白の枠の日、それはなぎさにとってとても大切な日だったのだ。

子供から大人へ、その過程のめくるめく多くの出来事をこの映画は芯がしっかりしたなぎさという少女を使って表現している。また、子供の健気さ、素直さ、そして、気丈さなども。なぎさが水泳の特訓をした少年は一生懸命練習をする。これは少年のひたむきさを表しており、心洗われる場面である。

最後の場面、なぎさは友達と共に、笛付きの飴を食べ音の比べっこをし、シゲキックスを食べてすっぱがり、海で戯れる元の少女に戻っていく。まだまだ大人にはならないと言わんばかりに。

映画『阿弥陀堂だより』　南木佳士 原作　小泉堯史 監督

東宝　二〇〇二年

人生には休養も必要

映画監督小泉堯史氏の『雨あがる』（二〇〇〇年）に続いての作品。彼は名監督黒澤明の弟子である。原作は平成元年に『ダイヤモンドダスト』で第百回芥川賞を受賞した南木佳士氏の同名小説。氏は医師でもある。映画では奥さんが医師になっているが。南木佳士氏は以前多くの癌患者の死を看取って鬱病になった。そこで生まれ故郷の田舎に引っ込んだ。そこの山河は美しく、人々の心は優しく、氏の心は次第に癒されていった。そんな体験が基になって書かれたものである。

キャストは、ヒロイン美智子（樋口可南子）、その夫孝夫（寺尾聰）、この二人が仲睦まじい夫婦としてお互いを支え合っている。また、阿弥陀堂で生活するおうめ婆さん（北林谷栄、撮影当時は九十一歳）、さらに、名だたる俳優、香川京子、井川比佐志、吉岡秀隆、田村高廣、そして映画初出演の小西真奈美。

映画のあらすじは、東京に住む夫婦、夫は小説家でかつて新人賞を貰ったことがあるのだが、その後は全く売れていない。妻は大学病院の医師で最先端の医療に携わる。ところがある時パニック障害という原因不明の心の病に罹ってしまう。雑踏の中で突然倒れるようなことがあり、医師としてやってゆけなくなる。そのため二人は夫の故郷信州へ移り住み療養することにした。妻は週三日午前中だけ保育園に併設されている診療所に通う事となった。村人は良い先生が来てくれたと喜ぶ。

この夫婦が先ず訪れたのが山の中腹にある阿弥陀堂。堂守のおうめ婆さんは九十六歳だが、元気にこの阿弥陀堂で暮らしている。阿弥陀堂から見下ろす風景は素晴らしく、美しく雪をいただいた山々も信州らしい風景である。

この阿弥陀堂で夫は少女に出会う。少女は村役場に勤めているが、喉の病気が元で声が出ない。彼女はおうめ婆さんの話を聞いては、村の広報誌のコラム『阿弥陀堂だより』を書いている。おうめ婆さんはお堂の周りに野菜を作り質素に暮らしている。「私がこの歳まで生きられたのは貧乏だったからです。貧乏に感謝します」という言葉は印象的であり、俗人ばなれしている。

孝夫は昔の恩師（秘伝の「剣の舞い」を孝夫に伝承する）が癌に冒されながら、淡々と死を迎えようとする生き方に感銘を覚える。また、二人は信州の自然や子供達にふれ、渓流釣りや散策を楽しむ。そして妻の病気はだんだん恢復してゆく。

ある日、『阿弥陀堂だより』を書いていた少女が悪性の病に冒されていることが妻の診断によって発見される。彼女を救うには手術をする必要があった。妻は近くの都市にある病院の若い医師に協力し、彼女の手術をフォローする決心をする。そして手術は無事成功。妻は徐々に自信を取り戻して行き、新しい診療所の初代所長になってくれという村長の申し入れを受けるのである。

この映画の中では多くの地元の人々が出演し、ストーリーの中に組み込まれている、たとえば夫が広報誌を配るため各家を訪れ、交わす会話の相手とか、診療所の待合室に集う老人たちとか、稲刈りに勤しみ、田で昼食を取っている場面とか……。

定点で四季を通して撮影された棚田の風景の移ろい、阿弥陀堂の高台から見下ろす町並みや流れる川の風景。信州の美しい自然も十分に楽しめる。

この映画から受けるものとしては、一つは夫婦という共同生活者がお互いをいたわり合うことの大切さ。それから、「生き方」ということについて、頑張れる時は頑張ればいい、でも、疲れた時は休むことが大切であり、がむしゃらに生きてそして倒れるより、たとえ落ちこぼれても淡々と生き抜いていくことが大切だという観点。そして何よりのメッセージは素朴、質素に生き、思い煩うことなく自然を楽しみながら生きていると知らぬ間に九十六歳になっていたという阿弥陀堂のおうめ婆さんの生き方である。

水の音を聞いて眠りに入る。こんな静かな安らぎはない。

映画『父と暮せば』井上ひさし原作　黒木和雄監督

パル企画　二〇〇四年

何かをしなくては生きては行けない

井上ひさし氏の戯曲の映画化である。広島で被爆した女性がある日、図書館で出会った青年にプロポーズされた。原爆病の発症や遺伝による子供への影響を恐れていた彼女は、恋をするのに億劫になっていた。そんな時出てきたのが亡霊の父、その父と議論しながら人生の問題を解決してゆく……というストーリーである。井上ひさし氏の原作も素晴らしかったが、この映画もよくできていた。原爆の悲惨さを改めて問う映画であり、被爆者が受けた、後世まで残る苦しみをよく表している。

原爆で彼女が受けたのは最近の言葉であるＰＴＳＤ（心的外傷後ストレス障害）である。一般の人が生きる上での幸せだと思う、恋愛、結婚に対し彼女は深く悩むのである。自己を規制して、自分は結婚してはいけない、恋愛してはいけない、子供を作ってはいけない、そして幸せになってはいけないと。この苦しみは察して余りあるものであり自分一人では抱えきれない問題でもある。彼女の原爆で死んでしまった親友の母から、なぜあなたは生きて、娘は死んでしまったのか？　と問われ、自分が生きていることが申し訳なく思うシーン、原爆の下では死ぬのが当たり前、生きているのがおかしいのだ……という思いはここから来ている。

亡霊として出てくる父は、被爆して倒壊した家屋の下敷きになり焼け死んでしまった。その父を助けられなかったヒロインの苦しみも大きいものがある。家に火が回り、柱に足をはさまれた父親を助けようと必死にあがいたが、もう打つすべがなくなった時、父親がジャンケンをしようという。そしておまえが勝てば一人で逃げろという……厳しい選択をせまるジャンケンである。父はいつもの「やり方」で娘を勝たせようとする。それは、出すまえに「オレはグーを出すからな……」というのである。しかし、ジャンケンはいつまでも「あいこ」が続くのである。この場面は涙ものである。父と娘の苦しい、つらいジャンケンなのである。最後には娘は父親を置いて逃げることとなるのだが、娘は父親を見捨てたという罪悪感にずっとつきまとわれ続けることとなるのだ。

毎日出てくる亡霊の父は、実はヒロインの心の中の葛藤の現れであり、亡くなってしまった大好きだった父ならこう言うだろうという、父の言葉に替えて自分自身の進む道を考えている姿なのだ。自分の心の中の父の言葉と自分自身の思いが激論を交わし、少しずつではあるが、前へ進んでいく。はじめは「自分は、一人静かに生き、早く死にたい。」と思っていた。そんな気持ちが、図書館に現れた青年の言葉と、自分の中の父の言葉で少しずつ変わっていく。

被爆した人々の多くは同じような体験や思いがあったことだろう。この作品はそれを汲み上げ、少しでも前向きに生きていく事を望み、また、忘れてはならない原爆の悲劇を訴えている素晴らしいものである。ヒロインの美津江を演じていた宮沢りえはとても難しい役をこなしていると思った。「ありがとありました」という、優しい響きの広島弁もヒロインを引き立たせている。

「死ぬことぁない。死ぬまでもない。人を押し退ける勇気がなくても、死ぬ勇気はなくても構わない。私の目の前にあるのが唯一の現実である。死者も含めて現実である。死者を想うのも現実であり、幻想に悩むのも現実である。そんな、人それぞれ違う現実の中では、正解なんてありゃあしない。悩んでいても時間が過ぎる。何かをしなくては生きては行けない。後悔しなければいいのだと思う。それが、唯一の解答ではないだろうか。」

心にしみる言葉である。

『通天閣』西加奈子

キラキラしていなければ生きていてはいけないのか

筑摩書房　二〇〇六年

西加奈子さんの第四作目の小説。冒頭より「どうしようもない」人間ばかりが出てくるのであるが、実はこれに少々嫌気がさし、途中で読むのをやめようかなと思ったのも事実。しかし、帯にクライマックスでは深い感動が……と書いてあったので兎に角我慢して読み進んだ。

題名の通天閣、主人公の二人が住んでいるのがこの通天閣の近く。そして二人が人生の見方を変える、あるきっかけとなる事件があったのもこの通天閣。大阪弁や通天閣界隈の人々の何というか「コテコテの」雰囲気というか、そんな情景が良く出ている小説であり、関西人としてはとても親しみの持てる（持ちたくないという意識も少しはあるのだけど……）小説であった。

出てくる人物は確かにつまらない人間達ばかりなのだが、（自分を棚上げして言っているのであり、自分もよくよく考えてみれば、登場人物達と距離があるわけでは無い）基本的には社会と距離をおいて生きていく事に決めた男と、何だか惰性で生きているような女の物語がオムニバスに流れてゆく。惰性的、堕落的日々が延々と流れ、実はその最後のホンの一瞬がクライマックスなのである。

そのホンの一瞬の間に起こる出来事で、この二人、人生に対する思いを変えるのである。彼らを取り巻く社会は実は何も変わらないのだけど、思いが変わることによりこれほど人生に対する気持ちが変わるものか……ここがこの小説の真髄なのだ。私もこれを読んでちょっと頑張ろうかなと思った次第。(生きる意欲が湧いてきます)

一番印象に残っている言葉「キラキラしていなければ生きていてはいけないのか」が最高!

『星の降る町　六甲山の奇跡』明川哲也

メディアファクトリー　二〇〇八年

何かを失えば何かを得ることになる、子供から大人への成長

神戸に住む不良中学生が一夜の孤立体験から見いだす生きる意欲の物語。全編がほとんど話し言葉で記述されており、それも親しみを感じる「神戸ことば」である。

中学生のトルリはもっと子供の頃、近所の洋菓子屋へよく遊びに行き、その店の主人サジが粉をこねたりオーブンで焼いたりするのを見ていた。中学生になり、友達の間で粋がるために万引きをするようになる。まあ、よくある話ではある。仲間達と欲しくもない物を万引きしては自慢しあっていた年代も過ぎ、次第に友人達とは距離ができていく。

トルリの家には幽霊が出る、しかしそんな話は誰も信じてくれない。それどころか担任の教師にその話をクラスのみんなの前でさせられ、話が終わると担任はトルリを馬鹿にする。クラスのみんなも担任に迎合する。トルリは学校の中でだんだん孤独になって行くのだ。集団の中での孤独、サリンジャーの『ライ麦畑でつかまえて』に通じる所がある。

サジの店で洋菓子を万引きしたトルリはサジに見つかり自転車で追いかけられる。逃げ

た先は町はずれの古い給水塔の上、サジがトルリのいる給水塔の上まで来た時、給水塔の古いハシゴが崩れ落ち、二人は給水塔の頂上に取り残されてしまうのだ。最初は助けを呼ぶのだが山奥の古びた給水塔の近くには人気は全くない。実は物語はここから始まる。

折しも大流星群の日、流れる星を見ながら夜が明けるまで交互に語る二人、幼かった頃の話、流れ星が落ちた家は大きな転換を迎える話、金平糖の話、トルリの学校での話、百円の商品には二百円の心がこもっているという話、幽霊の話、それらの話の中でトルリが理解したことは「何かを失えば何かを得ることになる」ということ。

寒い給水塔の上で、昔戦争に行かされた時に患ったマラリアの症状が出てきたサジは生死の間をさまよい始める。サジを気遣い自分のパーカーを着せてやるトルリ。やがて夜が明け始めた時二人は……。

子供から大人へと成長していく過程においての不安、社会に対する反発、自信の喪失、疎外感、孤独……。誰もが歩んできた道であるが、みんな忘れてしまっているそんな時代を思い出させてくれるお話である。

『レインツリーの国』有川　浩

新潮文庫　二〇〇九年

社会への挑戦、ささやかだけど

『フェアリーゲーム』という架空の小説、その結末のあり方についてのメールのやり取りから始まる小説。いかにも現代風（でもないか？）そしてそれは書き言葉ではなく話し言葉で、さらに関西弁で書かれている。作者の有川浩さんは関西在住、私たち関西の人間にとってはとてもよくニュアンスが伝わるのだが、関西圏以外の地域の方の感じ方はどうだろうか。

小説は全部で五章の構成であるが、各々の章のタイトルもなかなか意味深長でどんな内容なんだろうと興味を引く。しかし、この小説の中身を紹介するのはなかなか難しい。少しでも披露すると小説の内容自体に先入観を持たれてしまうかも知れないのであまり紹介できないのだが、ストーリーは男女の出会いである。訳あってのヒロインと主人公のぎこちないふれあいがなかなか気を揉ませる。

有川浩さんのこの小説はごく日常にある普通の世界だ。でもそのような何気ない暮らしや出来事、人々のふれあいがこんなに感動を呼ぶものかとあらためて知らされる。彼女はなんて文章を書くのがうまいんだろう。（作家だから当然か）『阪急電車』や「自衛隊三部作」、「シアター！　シリーズ」などでも同じだが、作中に出てくる多くの人物がとてもかわいらしくて魅力的なのだ。それを思うと自分の生活はなんて味気ない世界なのだろうかと思ってしまう。しかしそれは周りに原因があるのではなく自分自身の関わり方に問題があるのだろうと納得するのである。（要するにいろんな出来事に対して私はもっと注意深く見るべきであると自省するのである）

自分の生活はさておいて、物語の中では主人公やヒロインは自分の行動、もしくは発した一つ一つの言葉に対して、自分の中の第三者が色々と聞いてくる、「それでいいのか？」と。そしてそれにまた自分が反論を加えている。要するに自問、逡巡する場面が非常に多い。で、その真面目な思考を丁寧に表すことにより登場人物のキャラクターが際だち、読者は登場人物が好きになってしまう。作者に「はめられた」と思う瞬間である。

『ひとみは短くした髪をかき上げた。……それはささやかな仕草だったが、……世界に少しだけ何かを主張してやれたような気になれた。』

実はここ、一番大切な部分なのですね。思わず感涙してしまいました。

『漁港の肉子ちゃん』西加奈子

幻冬舎　二〇一一年

ありのままでも素敵で素晴らしい

自意識とありのままの姿との拮抗、それがこの小説のキモであると、日野淳さん（ライター／口笛書店代表、当時は幻冬舎の編集者）が巻末の解説に書いていた。

私もそう思う。思春期の喜久子ちゃんは延々とその事について自分自身では意識はしていないけれど翻弄されている。小学五年生の彼女はクラスのなかで昼休みにバスケットボールをする。そのチーム分けをする方法にこだわり、親友のマリアちゃんとの間に溝ができてしまう。もっともマリアちゃんと確執のある金本さんとも距離がある。どちらかに迎合してしまえば何も悩むことは無いのであるが。

自分のお母さんであるあだ名が「肉子ちゃん」こと菊子さんの生き方や振る舞いにはいつも嫌悪感をいだいている。その娘である可愛くてスリムで自分の生き方を持っていて一人孤高を保っている喜久子こと「キクりん」はカッコいいのだ。でも、彼女は自分のなかではいつも峻巡しているのである。

自意識としての自分の生き方、ありのままを迎合して生きる肉子ちゃん、この差異と反発、それがこの小説が投げかけている大きなテーマなのである。

「何言っているのかさっぱりわからない」と仰る方はぜひともこの小説を読んでほしい。少し人生観が変わるかも？

私はこの小説を読んで、どんな逆境も受け入れ、たとえ男に騙されて多額の借金を押し付けられても、それすら凌いで行く肉子ちゃん。関係がそれほど濃くもない、ほとんど会った事もないであろうお茶屋の奥さんが死んでも大声で泣ける肉子ちゃん。不細工で見苦しく、カッコ悪い彼女は実は神様ではないかと思ったりする。

『円卓』西加奈子

子供たちの成長、懐かしくかけがえのない時代

文春文庫　二〇一三年

西加奈子さんの短編小説。主人公の「こっこ」こと渦原琴子は小学校三年生、とても個

性的な少女である。友人の「ぽっさん」も老人くさいところがあるが個性的であり二人はとてもとても魅力的なのだ。何が魅力的かというと、すでに私達大人が通りすぎ、忘れ去ろうとしている日常がこの小説の中にはリアルに表現されており、そして、確かに私達の子供時代にごく普通に傍にいた友達が「こっこ」であり「ぽっさん」であるのだ。自分が忘れかけている懐かしくてかけがえがなくて、もういちどそこへ戻りたいと思う世界がここにあるのだ。

主人公が子供である小説を読むといつも残りのページが少なくなるのが残念で寂しくなる。それと共に現実に引き戻されていく。湯本香樹実さんの『ポプラの秋』（91ページ参照）や『夏の庭 The Friends』（１４９ページ参照）などがそうである。映画『つぐみ』（吉本ばなな 原作、市川準 監督、松竹映画、一九九〇年）もだ。二度とは戻って来ない時代であるがゆえにとても愛おしく、その頃に思いを馳せると胸締め付けられる感情が帰ってくる。

もっとも、この小説の中の「こっこ」もそうだが、その年頃の渦中にあればそんな事など思う時間も余裕も無いのだけれども。後になって当時を懐かしむ、今の私のような年齢になってはじめてその頃のそんな感覚を愛おしみ、懐かしく思い出す事ができるものなのである。

もう一つ言えば、そのような感情が心の中から起こってくるという事が成長の一つの兆しであるとも言える。この物語の最後あたりで「こっこ」は「ぽっさん」と夕焼けの公園のブランコで話す場面がある。とってもいい光景なのだ。『爪に入った砂粒、はだしの足をブランコの下の砂の中に突っ込んだ時、自分の足がずいぶん大きくなっていた事に気づいた時、隣の「ぽっさん」の手もずいぶん大きくなっている事にも気づいた。』大人への一歩と言ってしまえばそうなのかも知れないが子供の成長はそれを感じる場面自体が今この歳の私には感激の世界なのである。

クラスメイトのために自分達の好きな言葉をジャポニカ自由帳のページを破って書き、小さく折って友達の机の中に入れる。この行為は「こっこ」の一つの成長を表している。とても愛おしい場面である。

『自分らしく生きる贅沢』ヴェロニク・ヴィエン　岸本葉子訳

光文社　二〇〇二年

ありのままの姿をもう一度見てみよう

ヴェロニク・ヴィエン著、エリカ・レナード撮影、岸本葉子訳、原題『The Art of Imperfection』。本書はフォトエッセイというジャンルの本であり、さきに『何もしない贅沢』（岸本葉子訳、光文社、二〇〇二年）あとに『年齢をかさねる贅沢』（岸本葉子訳、光文社、二〇〇三年）があり、一九九九年ニューヨークで出版され、シリーズ全体で五十万部を超えるベストセラーとなっている。（訳者あとがきより）

能力主義が徹底したアメリカの社会では「完全」であることが暗黙の内に求められている。現実的には時間管理方法や議論の方法が自己啓発の場面での講演のテーマとなっている。そしてこの状況は企業にとっては望ましいことではあるが、個人にとっては常に緊張を伴う雰囲気を作り出し、個人をして企業の利益に結びつけるためのいろいろな思考を強いる事になっている。そしてそれが結果的に少なくない人々の精神を侵していることも事実であった。

この本は、そんな企業本意の合理性という観点とは逆に、個人のありのままの姿をもう一度見てみよう、という観点から書かれている本である。自分自身を許す。自分自身の欠点を受け入れる。そうすることにより人間性を取り戻すことを念頭に置いたものである。

本書は基本的には女性に向けて書かれたものなのであるが、その内容は対象となる読者の性別を問わないものが多い。多くの人がこの本の著者の考えにふれ、ずいぶん勇気づけられたのではないか。また、我武者羅に生きて働いている状況から一歩退いて現在の自分や周囲を冷静に見ることができたのではないかと思う。

実は私自身も随分勇気づけられた。本書を読んだのは二〇〇四年、近畿西部に転勤になった時、設備不良による事故が発生し対応に追われた時があり、精神的にかなり疲弊していた時だった。そんな時、本書の「正しいことと間違っていないことの違いは」という言葉を目にして随分気持ちが楽になったことがある。要するに、見方、処し方については「振れ幅」があると理解すれば良い。必ずしも完璧でなくても良いのだ。日々の生活に精神的に苦しくなった時に開いてみてほしい一冊である。

『「こころ」の出家――中高年の心の危機に』立元幸治

ちくま新書　二〇〇二年

自己の内部に目を向けて行く

本書の発行は若干古い時期ではあるが、その背景は現在においてもあまり大きな変化(改善)は無いと言わざるを得ない。当時、日本における年間の自殺者が四年連続で三万人を越え、特に中高年の世代が目立って多くなっている状況があった。これは二〇二一年においても二万人を超えており、五十歳台以上の中高年世代がその半数を超えている状況は変わらないのだ。(厚生労働省資料より)

中高年世代は、今まで疾走してきて、時代の転換期を迎え、さらに人生の転換期も重なり、生き方を見失いかけている状況がその背景にある。『測定可能なものに価値があり、測定出来ないものには価値がない』、『することが大切であり、「ある」ことは重要視されない』このような状況が先の悲劇の原因となっている。

表題の『「こころ」の出家』とは、この転換期において、「出家」は出来ないまでも、自分を見つめなおす事やそのために割く時間のことをそう表現している。そして、筆者は本書の目的を『人々が人生の転換期において、それぞれが自身の思索を深め、いまここにある自分という存在と、そこで生きる時間を、かけがえのないものとして尊重し、充足したそれぞれの「午後」の時間を創りだしていく、そしてそのためのそれぞれの「物差し」を確立していくための、一つの提言ないし問題提起を意図したもの』と述べている。

本書の中ではユング、吉田兼好、種田山頭火、ソロー、この四人の思想と生き方を紹介し、自分を見つめなおす手掛かりとしている。また、これに加えてギッシングやフロム、エンデの思索にも触れている。そしてその各々の作品の中には本書で著者が伝えようとしている、「生き方」をみなおすというテーマに関しての視点があり、また作品相互間においても『深く重なる部分や、共鳴する部分が少なからずある』のである。

この四人の思想と生き方の解説は、先の問題解決のための参考となるだけではなく、四人の各々の作品に含まれる意図やその背景などもわかりやすく理解出来る。

生き方を見直すという事において、筆者は『ふたつの時計を持つこと』と、『異なる座標軸を持つこと』を勧めている。真に「豊かな時間」とはなにかを改めて考え、充実した人生を送るために、何を考え、どのように行動して行けば良いのか、それは出家は出来ないまでも自己の内部にしっかりと目を向けて行くことが重要なのであり、そのためには今の社会の中の自分以外の視点や時間を確保していくことが真に大切なことであるとアドバイスしてくれているのである。

ちなみに私が本書を読んだのは二〇〇七年、四十九歳の時、仕事上初めての民間会社出向が指示され、関西の空港会社へ赴任した時であった。累積赤字となかなか目標が達成できない発着便数、老朽化が進むインフラの改修にも厳しい制約があり、非常に戸惑っていた時期である。何か心の支えになるものが無ければそのままそこに居続けることは難しかった時、本書に出会ったのである。

『「過剰適応」という病い』ということが本書でも問題視されている。組織や環境や時代に過剰に適応することにより自分を見失うことへの注意喚起である。適応せずには生きてはいけないこの世界ではあるが、その中でも自分の考えや時間まで犠牲にしてはいけないということである。これにより、随分自分の気持ちが楽になったのである。

第三章

社会との関わり

世の中捨てたもんじゃないよ

人は一人では生きて行けない、社会というか、他の人との関わりがとても大切なのである。一人行き詰った時、どこかで誰かが見ていてくれる。手を差し伸べてくれる。心を支えてくれる。そんな時「あーこの世の中捨てたものじゃないな……」と思う。そんな気持ちが湧いてくる。そして、明日を生きる勇気となるのだ。

ここで紹介する本の多くは小説である。現実の世界でもごく些細な行動を目にした時に感動する場面がある。電車の中で席を譲る場面とか、落とし物を教えてあげるとか、それほど多くは無いかも知れないがある。そんな場面を目にした時、心の中に元気が沸き上がってくる。そんなことを感じさせてくれる著書を集めたものだ。

『ハツカネズミと人間』スタインベック　大浦暁生訳

新潮文庫　一九九四年

人は夢と仲間がいないと生きてゆけない

一九三七年に書かれたジョン・スタインベックの小説。アメリカ、カリフォルニア州の農場で働く出稼ぎ労働者の物語である。小男のジョージと大男レニーがある農場で働くために、そこへ向かう所から話は始まる。二人はそれまでに住んでいた町で事件を起こし、半日用水路の水の中に身を隠し、追手から逃げてきたのだ。レニーは少々頭が弱い。しかし、普段は大人しく、とても力がありよく働くのだ。そんなレニーをジョージは始終面倒を見ている。ジョージがいなければレニーは生きて行けない。

時おりジョージはレニーに小言を言う。おまえがいなけりゃ俺は今ごろ自由で、女の所へ行って好き放題生きている……と。しかし、そう言いながらもジョージはレニーを捨てられない。

レニーは小動物が大好きで、ウサギの世話をすることを夢見ている。ジョージはよく、自分の夢をレニーに語ってやる。それはレニーが要望するからだ。ジョージの話は、おおよそこのようなものだ。俺たちは農場で働いて金を貯める。そして小さな家と畑を買う。そこで畑を耕し、牛や豚を飼い、その土地がくれる一番良いものを食べて暮らすのだ。ウサギを飼い、レニーはウサギにえさをやる。

ささやかな夢、これが二人にとっての生きる意欲ともなっているのだ。

しかし、たどり着いた農場で、また事件が勃発するのだ……。

人と人との関わりにはどうしようもない場面もあれば、とても大切な場面もある。生きていく上での支えもあれば、いさかいの原因や挑発もいっぱい転がっている。ジョージのように、それらをうまくかわしながら生きていけるものは幸いである。しかし、レニーにはそんな器用なことはできない。

この物語では、虐げられている老いた掃除夫のキャンディ、馬屋番の黒人クルックスが出てくる。彼らの会話の中で語られる、その当時の農場労働者の夢や現実も興味深い。また、ラバ使いのスリムは殺伐とした男ばかりの農場の中でも人間味あふれるとてもいいやつだ。

十九世紀アメリカ、不況の時代を背景とした社会や人間の荒廃、そして、ヒューマニズムとささやかな人々の夢。「人は夢と仲間がいないと生きてゆけない」この言葉が特徴的な含蓄の深い小説である。

『骸骨ビルの庭』宮本　輝

戦争の悲惨さと逆境の中で生き抜く戦災孤児たちの心のよりどころ

講談社　二〇〇九年

大阪の十三《じゅうそう》が舞台の小説。戦前からある「骸骨ビル」と呼ばれる古びたビル、日本が中国侵略のために始めた戦争に負け、国民が廃墟と貧困の泥沼に陥っていた時代（一九四五年から十年間ほどの間）、多くの男は戦場に送り込まれ殺されており、残された者達は空襲で殺され、町中には親を亡くした子供達が多数「戦災孤児」として彷徨《さまよ》っていた。また、幸いにして空襲でも生き残ったが敗戦後、日々の生活ができず、親に捨てられた子供「棄迷児」も多かった。それらの総数は一九四八年二月の調査では十二万三千五百人という膨大な数であったとのこと。行政はすべての児童の保護ができず、多くの児童達は盗みなどの反社会的な行為によってしか生き延びることができなかった。

そんな中、大阪駅の北、淀川を渡ったところにある十三の骸骨ビルを相続した阿部とその友人、茂木が貧困の中で集まってきた児童二十九名を自分の人生をなげうって育てたのだった。

物語はこの骸骨ビルを取り壊して高層マンションを建てるため、そこに住んでいる住人つまり、阿部と茂木が育てた戦災孤児たちを追い出すという使命を受けたこの物語の主人公、八木沢が、その使命を胸の内に秘め、住人一人一人から聞いた身の上話を日記につづる形になっている。八木沢は孤児達（孤児といっても、すでに充分歳をとり、独立して生活している）の話を聞いていくにつれ、徐々に彼らの生き方に感銘を受けていく。

さて、此処に出てくる人達はそれぞれに仕事をして生きている。少々変わった仕事もあるが、探偵、特殊な書籍の製作、ダッチワイフの研究開発、ヤクザ、金型製作、トレーラーの運転手、食堂経営などなど。それぞれに、魅力的なキャラクターであり、みんな骸骨ビルで育った孤児でありその結束は固いものがある。最初は疎んじられた八木沢も、彼らと話をしていく中で孤児達に受け入れられて行くのである。

骸骨ビルの住人は、ビルに居座っているのではなく、ある一つの問題が解決したらここを出ていくと言っている。すべての住人と話をしたあと、八木沢はその問題解決のために自分なりの行動をする。

結局その問題とは、そしてそれは解決したのか？　骸骨ビルにある謎の部屋は？

文庫は上下二分冊になっているが、ページが残り少なくなっていくのが残念に思えるほど引き込まれる小説である。敗戦直後の社会の描写、過酷な住人達の生き方はノンフィクション的であり当時の社会の悲惨さが想像される。

『69 sixty nine』村上　龍　　集英社文庫　一九九〇年

楽しく生きることこそ人生

一九五二年生まれの作者の高校時代の出来事をつづった青春小説。面白かった！　そして懐かしかった。私は一九五八年生まれだからそれより若干古い時代が背景の小説にはなるが、でも、小説の中にちりばめられているたくさんのアイテムは馴染みのあるものが多い。

主人公（作者）が通っている進学高校でのバリケード封鎖や、近隣高校の生徒を集めてのフェスティバル。当時の高校生の素晴らしい行動力、というかプロデュース力がすごい。これら行動のすべてがメス（女性）を手に入れるという一つの目的のためと作者はいう。いろんなことを企て、いっぱい殴られ、それでもめげない性格はなかなかいい。この軽い小説の中に、彼の人生に対する思いもしっかり込められている。それは、「楽しく生きること」楽しく生きないと生きる価値は無い。楽しく生きないやつは早く死んじまえ。(本文より)

それからもう一つ、学校は人間を家畜に変えるための仕事をしているところ。「退屈」の象徴。確かにそういう面はある。日々学校に通わせることにより規格化された「働き人」を製造していくのだ。そんな体制に作者は反抗している。その反抗の形がこの小説にあるいろいろな「祭り」的な行動なのだろう。

軽い、そして面白い、すぐに読めてしまう小説であるが、後に印象の残るものだった。意外に思ったのが主人公は恋い焦がれていた女性、文中では「天使」と呼んでいる。その彼女に口づけをしなかったことだった。粋がってはいるが、シャイで純粋な面もそこにある。

高校時代は輝かしい日の当たった時代だった。そんな時代を思い起こさせてくれる小説であった。

ちなみにこの小説の題名『69 sixty nine』はこの小説の年代一九六九年の「69」である。

『ポプラの秋』湯本香樹実

新潮文庫　一九九七年

どこかで誰かが見ていてくれる

湯本香樹実さんの一九九七年の小説。もう二十五年も前か。湯本さんが三十八歳の時の作品だ。湯本さんが超有名になった『夏の庭 The Friends』、映画化もされ、とても素晴らしい作品だった。少年達の成長する姿が生き生きと描かれている。この『ポプラの秋』も同じように、こちらは七歳の少女の成長の姿である。

子供の時には分からないが、いつか大人になった時、その当時大人達が自分にしてくれた事が大きな感動となって帰ってくる。

ポプラ荘の大家のおばあさんを始めとして、そこの住人である西岡さん、佐々木さん、みんなごく普通の人だがとても魅力的なキャラクターなのだ。もちろん主人公である七歳の千秋はとても可愛い。

人生の日々は淡々と流れていくが実はその過程には色んな思いや悩み、そして子供の時には理解できない事がある。それでも生きて行かねばならない。自分の大切な人が亡くなるというとても悲しい出来事もある。そんな時、人はどのようにその局面を打開していくのか？　そんな厳しい時にポプラ荘のおばあさんが一つの助けの手をさし伸べるのである。

一人悩み苦しんで行くのが人生かも知れない。しかし、どこかで誰かが見ていてくれる。ヒントをくれる。そしてそのヒントによって自分自身にその悩みや苦悩をあらためて問いかけることによって新たな境地が開けるのである。人は一人ではない。

『角筈《つのはず》にて』　浅田次郎

集英社文庫　二〇〇〇年

人は一人では生きてはいけない

浅田次郎さんの短編小説集に収容されているものである。収録作品は映画化された『鉄道員《ぽっぽや》』や『ラブ・レター』の他に『悪魔』、『伽羅』、『うらぼんえ』、『ろくでなしのサンタ』『オリヲン座からの招待状』がある。

『角筈にて』は仕事に失敗し、海外勤務に左遷された会社員が主人公で、子供の時に生き別れた父親の姿を角筈（西新宿の旧地名）で見ることから始まる。会社員の生い立ちと、父親との関わりが既に亡くなっている父親と話をすることにより明らかになっていく。自分を捨てた父親への怨恨がその話を聞くにつれ霧散していく話である。妻の久美子の優しさ、そして育ててくれた叔父さんや久美子の兄の保夫の優しさが心に響く作品。「人生捨てた物じゃない」という気持ちが沸き上がってくる心温まる作品である。

浅田次郎さんの作品はすべてが優しい。幽霊や幻影が出てくる非現実的な面が多くあるが、ちっとも違和感はない。むしろ出てきてほしいと願いたくなる作品群である。『鉄道員』の中の雪子や『うらぼんえ』のおじいちゃんもそうである。これらの作品群はすべて浅田次郎さんの私小説である。彼はかなり波瀾万丈な人生を送ってきたことがうかがえる。

こんなに優しい、こんなに心に残る短編が書けたなら素晴らしいと思う。読者に感動を与え、そして生きていく力を湧き起こしてくれる作品こそいい作品であると思う。

（『鉄道員』集英社文庫、二〇〇〇年 に収録）

映画『千と千尋の神隠し』宮崎駿 原作・監督　東宝　二〇〇一年

愛と勇気と努力を持って生きること

宮崎駿監督のアニメである。何でもない普通の女の子がひょんなことから、魑魅魍魎《ちみもうりょう》の世界にほうり出され、豚にされてしまった両親を助けるために奮闘する物語である。

遠い町へ引っ越すために車で走っていた千尋とその両親が、不思議な門をくぐり、その先にある神々がすむ世界に入っていく。両親は空腹のため、そこにあったご馳走を食べ、豚にされてしまう。その両親を助けようと、千尋はその世界を仕切っている風呂屋の湯婆婆《ゆばーば》に働きたいと申し出る。

実は、千尋はこの世界に来てしまってすぐに、「ハク」という青年に出会い、この世界の掟を教えてもらう。その一つが働かねばならないことである。この世界では働かないと豚にされてしまうのだ。ただし、働きたいという気持ちさえあれば仕事が与えられる約束となっており、契約を結ぶことにより存続することができるのである。

この世界の者はすべて、魔法がかけられており、働かねばその魔法が解けもとの姿に戻ってしまうのである。たとえば、釜爺はクモ、三助は蛙、石炭運びはスス、などである。この世界は今の世界と類似している。働こうと思えば働けるのである。

湯婆婆と無事契約を結んだ千尋は千《せん》という名を付けられ、こき使われる。これは、湯婆婆が名前を奪い取り、もとの世界へ帰さないようにしているためで、千と呼ばれているうちに自分自身も名前を忘れてしまうのである。千尋はハクにそのことを教えられ、また、引っ越しの時に友だちからもらった手紙を見て自分の名前をかろうじて思い出すのである。

自分自身というアイデンティティを失うことにより、自分自身がいったい何者かわからなくなってしまい、目的や大切にしなければならない周りのものが見えなくなってしまうのである。現代社会においても、先に書いたように自分自身の名前ではなく、役職名や、組織内での呼び名により私たちは呼ばれているのだ。これは千尋である前に、千になってしまえば、大変なことになることを示唆しているのだ。

本作品の見どころは千尋の愛が、周囲を変えて行く場面だ。ある河川の神様が多くの泥やごみを落とすために、湯につかりにくる。その対応を任された千は、必死にお世話をする。大湯へ案内し、新しい薬湯を出し、泥を洗い流すうちに、その神様にとげが刺さっているのを発見し、それを抜くのである。そのとげは河に捨てられた自転車やごみであり、引き抜くことにより、河川の神様は「いい湯だ……」と言葉を残して喜びの顔と共に帰っていくのである。千の手には河川の神様からもらった苦団子が一つ残った。その対応に銭湯の仲間たちは拍手喝采するのである。

また、「カオナシ」という妖怪が千の優しい対応を見て、千が好きになり、千がほしがるであろう物をくれようとする。しかし、千は必要なもの以外は受け取らない。カオナシは寂しそうな顔？　をする。ある日、カオナシは蛙を飲み込み、蛙の声を借りて、風呂屋の客のようにふるまう。手から金の粒を一杯出し、風呂屋の従業員はその金ほしさに、カオナシを歓待するのである。しかし、カオナシは大量のご馳走や、番頭や女中も飲み込み大暴れする。湯婆婆はカオナシを静めようと、千を呼ぶ。千は豚になった両親を元にもどすために食べさせようと持っていた苦団子をカオナシに食べさせる。カオナシは苦しみ、食べたものを吐き出しながら、千を追いかけてくる。かわいさ余って憎さ百倍の状態である。

あと、湯婆婆の子供である巨大な赤ん坊も出てくる。過保護のわがままな子供であり、泣きわめけば自分の要求はなんでも聞いてくれるのである。千はこの赤ん坊と、カオナシと共に、湯婆婆の双子の姉妹であり、湯婆婆と仲の悪い、銭婆《ぜにーば》のところへ行く。どんなに恐ろしい者かと思っていたら、実はやさしかった。ハクが銭婆から盗んだ魔法の契約書用の印鑑を返し、許しを請うのである。銭婆はその印鑑がどれほど大切なものか知っているのかと、千に問う。千はその価値は知らなかったが、とにかく大切な物だろうということで、返しにきたという。如才ない現代人の多くはこうはしないだろうと思われる素直な行為である。銭婆は赤ん坊や、カオナシと共に作った「髪止め」を千に渡した。魔法で作ったら値打ちがない。みんなで力をあわせて作ったから価値があるのだと言いながら。ここにも大切な意味が含まれている。

なんでもない女の子が一生懸命努力し、目的を達成しようとする。その過程で、また多くの問題が発生し、大切な物までその解決のために差し出す。この行為の大切さ、また、千が周りの釜爺やハク、女中から受ける些細な親切、これがなければ、千の人生は支えられなかったであろう。このこともとても大切なところである。

最後にはハクの名前も思い出す手がかりを与え、湯婆婆が千を試す時にはみんなが千を応援し、湯婆婆の赤ん坊までも千の味方をするのであった。愛と勇気と努力を持って行動するものに対して、称賛されるべきであるというシチュエーションなのである。

この映画の持つメッセージをすべて理解することができるのは何歳くらいにならないといけないのか、と思ってしまう。子供の時はおもしろく見て、それが潜在意識の中に残ればいいのかもしれない。何度か見て、その都度新たな発見ができるようなアニメだと思った。

『阪急電車』 有川 浩

日常こそ大切な時間

幻冬舎文庫 二〇一〇年

可愛らしい小説である。阪急電鉄今津線の八つの駅とその間を行き来する阪急電車の車両の中を背景とした短編が往復で十六編。女性らしい細やかな視点で綴られている小説である。

そこに登場してくる人物は行きと帰りとでは時が少しずれている、同じ人の過去と現在を描いている。そして、それぞれに「物語り」を持った人達が繋がったり別れたり、すれ違ったり……。有川浩さんはこのあたりの描写がなかなか秀逸だ。でも、このようなことは恐らく実際の人生の中でも時には存在する出来事なのだろうと思う。

恋の始まり、関係の終わり、復讐（呪い）、あこがれなど、ここで語られるそれぞれの「物語り」はそのあたりにいっぱいころがっているものだろう（ただし、恋人を寝取った会社の同僚の結婚式に討ち入りに行く美女の話は珍しいかも）。でもそんな些細な出来事を作者は人生にちりばめられた煌めく星のように表現している（討ち入り帰りの彼女の話にしてもだ)。

阪急電鉄の今津線に乗ったことがあるがとりたてて特徴があるわけでもない鉄道だった。そんなありふれた鉄道の日常の中にこれだけのストーリーを見いだすことは素晴らしい。人生に感銘を与える、つまり、生きる意欲を与えてくれるそんな〝お話〟を日常から拾い集め気づかない私達に教えてくれるのだ。

「日常」、実はこれが人生のほとんどすべてを占める。そう思うと日常は一番大切な場面であり、楽しむべき時間なのだ。そんなことを教えてくれた小説だった。

本作品は二〇一一年に三宅喜重監督で東宝より映画化されている。映画では宮本信子、中谷美紀、芦田愛菜、有村架純、戸田恵梨香、谷村美月、南果歩など豪華キャストで小説をリアルに表現してくれている。私は実は小説を読む前に映画を見てしまったのだが、どちらもとても良かった。

『クローバー・レイン』　大崎 梢

ポプラ文庫　二〇一四年

良い作品を届けたい、その情熱

昔の作家の新しく書いた小説を偶然読み、出版しようと奮闘する大手出版社の若手編集者が主人公。どのようにして小説は出版されるのか、その業界の仕組みやその中での奮闘ぶりがとても良くわかる小説であるが大切なのはその底に流れる「良い文章を世の中に出したい」という情熱である。

文芸書はマスプロ的に作られるもの。有名作家はそうなるように育てられるもの。本として宣伝しなければ売れないし、知ってもらえないもの。そのために編集者から本屋に至るまでが努力しているということが良くわかる。

小説の中では同業他社の営業や編集者との渡り合いの場面も出てくる。しかし、辛辣な会話の中にも同業者意識が感じられる。また、老舗である大手出版社から新しい思いや視点で自分が良いと思った作品を世に出すことの困難さも良く表されている。この作者はかつてその世界にいたのだろう。

実はこの小説が伝えようとしているのは出版業界のことがメインではなく、作家とその娘との関係や、その娘と主人公である編集者との関係、さらに編集者と歳の近い叔父との関係という、「人と人との関係」なのだ。しかし、私としては本作りの要素の方がとても興味深かった。

本題ではないが、本作りに対する編集者の思い、良いものを世に出すための努力、周囲に対する説得、それはその編集者の情熱が無ければ実現するものではない。作家は良き作品を、編集者はそれをブラッシュアップすると共に出版へ向けて尽力する。その過程があって初めて素晴らしいものが読者に提供されるのである。

映画『ふしぎな岬の物語』成島出 監督　東映　二〇一四年

生きて行くには心の支えが必要

夫に先立たれ、その思い出を持ち続けるヒロイン、夫が描いた絵画の喪失、親しい人との離別が重なったことにより自殺しようとするが、周りの人々に助けられ新たな人生を歩み始めるというストーリー。人が生きて行く上で必要となるものは何かを問う映画である。

舞台は千葉県のある海岸の丘の上にある古びたコーヒーショップ。若くして画家であった夫を亡くしてからずっと一人でコーヒーショップをしているヒロイン悦子（吉永小百合）。彼女に思いを寄せる人は多かった。不動産屋のタニさん（笑福亭鶴瓶）、漁師の徳三郎（笹野高史）、悦子の甥の浩司（阿部寛）もそうだった。コーヒーショップの壁には亡き夫が描いた虹の絵が飾ってあった。ヒロインは毎朝、しばしこの絵を描いている亡き夫の幻影と過ごすのである。

ある日、虹を追って東京からこの岬まで来たという父子が店に来た。ここにくれば虹があるとその子供が言ったので来たとのこと。

人びとは何を心の支えとして生きていくのであろうか？　この映画に出てくる人達はみんな、溌剌とした時期を過ぎ、余生を送っているようなところがある。そして、徳三郎が癌で死に、タニさんは転勤で大阪へ飛ばされる。再びコーヒーショップを訪れた父子は夫が描いた虹の絵を持って行ってしまう。身近にあった大切な人達や思い出が次々となくなっていく中で、ある日ヒロインは自分の店に火をつけ、自殺を図ろうとする。

燃える建物から悦子を助けたのは甥の浩司。悦子は浩司に今までの薄幸だった人生を語り、やがてそれまで姿を追い求めていた亡き夫から旅立たねばという自覚を持つようになる。

翌日、多くの村人が彼女を元気づけにきてくれた。プレハブでコーヒーショップを再建してくれたのだ。

人間は他の人から受ける日常の些細な好意によって生き続けることができるものである。逆に、その些細な好意や言葉が無ければ生きられないものである。モノやお金も大切ではあるが、それ以前に心の支えとなるべきものが無くなってしまえば人は生きられない。そんなテーマを盛り込んだ秀逸な作品であった。

『花のさくら通り』　荻原 浩　　集英社文庫　二〇一五年

仲間と共に逆境を打開

広告代理店の社員である杉山が廃れかかった地方の商店街を商店会の有志と共に盛り立

てていくという小説である。

作者の荻原浩さんは、かつて広告会社で仕事をしていた。その時の経験が背景としてあるものと思われる。

この作品は荻原浩さんの小説の中でユニバーサル広告社を舞台とした第三作目である。この潰れかかった広告会社には石井社長、主人公の杉山、多才な村崎、唯一のアルバイトの女性、猪熊エリカという個性的な面々がいる。会社が都落ちして行った地方の商店街「さくら通り商店街」は、昨今の例に漏れずシャッター街の様相を色濃くしてきていた。その商店街を牛耳る会長の磯村は不動産屋であり、廃れた商店街を廃業させマンションを建てようとたくらんでいる。商店会の面々も個性的ではあるが、この流れを半ばあきらめるかのように日々を過ごしていたのである。

ユニバーサル広告社はこんな行き詰まった場面を切り開き、商店会の長老達に立ち向かう。商店会の面々も、特に団子屋の「まもる」を中心に商店街を変えようという動きに目覚めるのである。

トピック的内容としては、商店街としての大々的取り組みである放火魔を捕まえる事や、近隣のオールド化してしまったニュータウンへの出店、さらにお寺の息子である「光照」と教会の娘である「初音」ちゃんとの恋物語。すみれ美容室の「寿美代」大先生の思いなど興味深いパーツがちりばめられている。

主人公杉山が「ここ一番」の時に心の支えとしているもの、それは離婚した妻と同居している小学校三年生の一人娘、早苗の「さぁ、父ちゃん行くぞ」という言葉であった。iPodに録音している娘のその声を聴き、杉山はさくら通り商店街の宣伝画像を作り、商店会の磯村に挑むのであった。

荻原浩さんの作品の魅力は、閉塞した世界へ光明を射させる事、最初はそうでもないキャラクターに最後には素晴らしい活躍をさせるところだ。「人間捨てたものじゃない」と思わせる所以であり、自分の大好きなシチュエーションなのである。読めば元気がでますよ。

『人生に意味はあるか』諸富祥彦

講談社現代新書　二〇〇五年

人生の意味をとことん考える

まじめに人生を考えた著書である。著者は人生をかけて十数年、「人生とは何か？」という問題に取り組んだ。その結果を紹介している。「人生とは……」という問いは誰しも一度ならず自問するものであると思う。しかし、普通の人はそのうちに他の忙しさにかまけて、問題解決を先送りしてしまうのである。かくいう私自身もかつてから人生に行き詰まるごとに考えてきた。本書に出会ったのもそのような時である。しかし、いまだに確固とした結論が出せたわけでは無いのだ。

この問題は必ず人生のどこかで自分自身で解決しなければならない問題であると著者は指摘する。私もそのとおりだと思う。しかしながらこの答えはなかなか難しく、果たして答えが出るかどうかもわからない。場合によっては考えているうちに怖くなってきて途中で止める人も多い。しかし、著者は命がけで考えた。そして、もうだめだと思った瞬間その答えが向こうからやってきたという。答えが向こうからやってきたという状況は私としては理解し難いところがあるのだが、考え続けるということは大切なことだと思う。

本書では著者が思考を重ねていく上で通過してきた宗教の教え、文学の教え、哲学の教え、そしてスピリチュアリティ（「霊性」「精神性」）の答えも紹介されている。また、『夜と霧』（ナチスの強制収容所経験に基づいた書籍作品、一九四六年出版）著者、V・E・フランクルの考えも詳しく紹介されている。

皮相的なことばかり紹介していても、この本の「キモ」はどこなのかという事を説明することはできない。私としてはぜひ多くの方にこの本を読んでいただき共に人生の意味について考えて行きたいと思うのだが、少しだけ本書の中にある「答え」の一例を紹介する。「人生の目的を見つけることが人生の目的」であるというのは五木寛之。「弥陀の救い」が人生の目的というのは浄土真宗親鸞会の高森顕徹《けんてつ》の答え。ゲーテは「欲張って命を燃やせ。」等々（いずれも本書からの抜粋）。過去から現在までの多くの時代の場面で、そしてまた多くの心の世界の中で「人生の意味」は考えられてきた。

一番庶民に理解されやすいのは宗教が規定する人生の意味である。何かを信じておれば、救われるということ。来世というものを設定して来世のために……という問題先送りの条件設定で、来世のために今、苦労するというのがそれである。哲学の分野での回答なんて、けんもほろろのものばかりである。人生なんて一瞬の出来事であるとか、人生に意味などないとか……そして気が抜けるのは人生すべて無意味とあきらめ、達観して生きる。もしくは、無意味にもかかわらず生きる。というような「答え」である。

前出のフランクルはそんなことは悩まなくてもいい問題であると言っている。「何のために生きるのかという」問題の答えはすでに与えられてしまっている。「どんな人のどんな人生にも、なすべきこと、満たすべき意味が与えられている」あなたを必要とする「何か」があり、あなたを必要とする「誰か」がいて、「何か」や「誰か」はあなたに発見され実現されるのを待っているのであると。

現在、過去、未来の内、現在は一瞬のうちに過ぎ去ってしまう、未来は来るか来ないか不確かなもの、一番確かなものは既に過ごしてきた過去であるという時間論をフランクルは持っている。ぼんやりと過ごしてきた過去は永遠に失われてしまうが、しっかりと生きてきた過去は永遠の座標軸に刻まれるという独特の考えである。これは誰しもが迎える老後の人生において大きな希望となる言葉だと思う。

著者は著者自身の三つの答えを出している。本来ならばその答えをここに書き出すべきものではないかも知れないが、しかし、たとえこの答えだけを見たとしても理解や納得はとうていできないだろうと思う。この答えに至るまでのプロセスが非常に大切であり、著者の考えてきた道を辿っていく必要があるからである。さらに、たとえ著者の思考を辿りそこへ行き着いたとしてもそれは読み手の求めている答えであるかどうかはわからない。

さて、著者の行き着いた「人生の意味」とは……

一、人生の本当の意味と目的をどこまでも探し求めぬく。

二、「いのち」のはたらきに目覚めて生きる。

三、あなたの人生に与えられた使命を果たし未完のシナリオを完成させる。

如何でしょうか、私としては一、についてはまさにそのとおりだと思うが、二と三については少し思いが異なる。「人生の意味」については読者の皆様もぜひとも考えていただきたいテーマである。

『人間の値打ち』鎌田　實

生きている限り手遅れはない

集英社新書　二〇一七年

「人間の値打ち」とは「どれだけ役割を果たしているか……」という見方でこの社会の中の人々（作者自身も含めて）の生き方を検証し、どのように、どんな観点を持って生きて行くことが自分の値打ちを高めることになるのかという事を説いているエッセイである。

人間の値打ちは稼ぐ力ではなく、「それだけではない何か」を言葉にし、『見失しなわれつつある人間の値打ちについて考えて行くことにより、自分が存在している意味や意義を見つけられる……』（本文より引用）のである。

著者の鎌田實さんは医師であり、「日本チェルノブイリ連帯基金」理事長、「日本・イラク・メディカルネット」代表、その他医療関係で幅広く活躍されている方である。本書の中にはイラクの難民キャンプでの医療支援の活動やその中で知り合ったローリンという少女の家族のこと、骨肉腫で片足を失ったアヤという少女の生き方など勇気づけられる話も盛り込まれている。

本書のあらすじは、まず、人間の「値打ち」とはなにか。自分の存在価値を見失った時、困難から這い上がるときに人間の「値打ち」が出てくる。「多様性」を認める「寛容」の大切さ。自分の「価値」を決められるのは人間だけ。生きている限り手遅れは無い。という流れであり、多くの事例や著者自身の経験を盛り込んで、人間の値打ち及び、それを高める事について語られている。

多くの興味ある事例や考え方が示されている中で、特に私が印象に残った部分を次に紹介する。

『第三章―困難なときに表れる人間の「値打ち」―』の中に紹介されている『生きることをあきらめない勇気』、これは先に述べた骨肉腫で片足を失ったイラクのアヤという少女の生き方である。片足をなくし、義足になった足を隠す事をしない。それはイラクでは地雷や戦闘で障がいを負った人たちに勇気を与えるためだ。彼女の行動はとても勇気のいることである。振り返ってみれば私たちの身近な所にも同じような「勇気ある行動」を見る事がある。困っている人や社会的な弱者を助ける事、たとえそれが電車の席を譲ることであっても、それを見た時に共感を覚え、自分もその場面になれば勇気を奮い起すことが大事であり、価値ある人生を生きるヒントがある。

『第四章―人間の「価値」ってなんだろう？―』の中の『道徳教育は必要か』では、『道徳教育は一歩間違えると、権力を握った人たちがその権力を守るための道具にしてしまう可能性がある。』と言っている。そして戦前の道徳教育では、『国家に従わない者や国家のために働かない者は非国民……』とされた。これは真の道徳とは言えない。そして、大切なのは権力が間違った時に「NOと言う人」である。

同じく第四章で『「アリとキリギリス」のなかにある嫉妬』というのがある。「アリとキリギリス」はよく知られたイソップ童話であり、アリのように真面目に働かなくては時が来れば飢えて死んでしまうという教訓を込めた話であるが、筆者の見方は少し違う。なぜアリはキリギリスを助けなかったのか？　という疑問。キリギリスは自業自得で自己責任なのか？　ストイックに仕事ばかりしているアリの生き方は正しいのか？「苦楽中道」それが大切であり、楽しむことも必要。これは子供たちに伝えるべきことである。

『第五章―自分の「価値」を決められるのは人間だけ―』の中の、「部屋のなかに象がいるぞ」と言う勇気、ここでは日本人の特質として、『日本人は空気を読むのがうまい分、無言の同調圧力に屈服しやすい』と著者は述べている。「みんながそうしているのだから自分もそうしなければ……」と思ってしまうのだ。それに対する警鐘を筆者は鳴らしてくれている。『人間として失いたくないものや守りたいものに対しては、自分で判断すること、責任をとることを手放してはいけない』と。これは私が別途紹介している梨木香歩さんの『ほんとうのリーダーのみつけかた』（136ページ参照）にも同様の指摘がされている。とても重要な事項なのである。

この他にも、『ギアチェンジが人間の値打ちを変える』こととか、『死に方上手は人間の値打ちに影響する』こと。『人間の値打ちを決める七つの「カタマリ」』があることなど、とても大切な「生き方」に関する示唆がある。

自分自身の「値打ち」がとても小さいものだと思って落ち込んだ時などに元気づけられる本である。そしてその「値打ち」を上げることに関しては『生きている限り、手遅れはない』。

第四章

あしたへの展望

どう考え、どう生きるべきか

この社会の中で生きて行くという事はそれなりに大変である。自分の思い通りにならない事や理不尽に思うことなど掃いて捨てるほどある。適当に流すこともたまには必要かも知れないが、しっかりと対処しなければならない問題もある。知らないうちに流されてゆき、ふと気が付けば、周囲がとんでもない世界に変わってしまっている可能性があるからだ。世の中の流れは必ずしも必然だけで決まるわけでは無く、必然に乗じて（悪乗りして）世の中を良くない方向へ変えようとする「ちから」もある。

そんな時に大切なのは自分の内なる感性である。ほんの少し立ち止まって本当にこれでいいのか、を考える事である。上原隆さん、山田太一さん、梨木香歩さんのエッセイはそのあたりのヒントをくれる。

どのように考え、人生に対処していくかということは、とても重要なことである。社会の大きな波に流されてしまえば、その先にはとても恐ろしい事が待っている。卑近な例でいえば、現在も続いているロシアのウクライナ侵略について、欧米諸国よりのウクライナへの兵器供与により、それまで劣勢であったウクライナが反攻に移っている。劣勢となったロシア連邦の大統領プーチンは、部分動員令を行い国民を戦場に送りだした。この状況から多くのロシア人男性は戦場へ送られるのを避けるため国外へ脱出していることが報道されている。もともとは大統領の任期を伸ばし、プーチンの独裁を許してしまった事、ウクライナ侵略に対しロシア国民が反対しなかったことがこのような動員に至った原因と言える。迂闊に過ごしてしまったことが後に大きく祟られる事例であり、まさに命まで奪われる可能性があるのである。

世間一般に言われる「普通」は本当に普通なのか、たとえ自分一人であっても「おかしい」と思う事はきっちりと追及していくことが大切である。自ら考え、自ら決め、行動するということはとても大切なことなのである。

『ふぞろいの林檎たちへ』　山田太一　岩波ブックレットNo.88　一九八七年

自分の根拠地を持ちそれを愛すること

シナリオライター山田太一さんが、若者に贈る言葉として構成されたもの。上原隆さんの著書（『「普通の人」の哲学―鶴見俊輔・態度の思想からの冒険―』（117ページ参照）に紹介されたものである。

競争から共存への転換、人を判断することよりも理解することの大切さ、人間は成長もしくは変革するのに時間がかかる、はぐれザルのなかからこそ新しい一歩が歩み出される、マイナスの豊かさの評価が大切、純粋培養は病的なものを作る。というような流れのなかで、「きれいごと」、「正義」、「かっこいい表面」だけでは真実は見えてこないどころか屈折した物の見方や感じ方になる。

巻末にあるたとえ話なのだが、「お隣さんは、とってもいい家族で大好きだけど、ユダヤ人で、それは時のナチス政府が忌避すべきものとしているから、つき合うのはよそう、というような事で、隣と縁を切るようなことになりたくないなあ、と思います。」（本書内より引用）

自分ならばどうなのかと常に理解する立場に自分を置いてものを見ることが大切である。また、その基本的条件として、自己の確立が大切である。「自分を捉えること、自分の真の欲求を把握すること、自分の根拠地を持つこと、そしてその根拠地を愛すること」など。「態度のところでつかまえて……」という上原隆さんの思いに共通する思想が根底に流れている。

『「普通の人」の哲学――鶴見俊輔・態度の思想からの冒険――』上原 隆

毎日新聞社　一九九〇年

態度のところでつかまえて

鶴見俊輔さんの著作、『戦時期日本の精神史――一九三一～一九四五年――』（岩波書店　一九八二年）の解説書。鶴見さんの思想を図表やシンボルマークを使って普通の人にも分かり安く整理、解説してあり、すんなりと読めた。また、架空のインタビューも駆使して鶴見俊輔さんの生きざまや信念を伝えてくれている。解説が分かりやすいので頭のなかに留まっているものが多かった。

鶴見俊輔さんは一九三八年（昭和十三年）から約五年間、米国に留学していた。帰国後早々に徴兵検査を受け、民主主義的な考え方から一転してそれに敵対する日本の戦争の中に放り込まれたわけである。また、プラグマティズム（物事の真理を理論や信念からではなく、行動の結果により判断するという思想）の哲学を学んだことから当時（戦時）の時

代背景の中では「自分の像と実際の自分がズレなければ生きていけない状況にあった。」（本書一三七頁）

このような自分の中で矛盾した状況を打開するため鶴見さんはどう考え、どう決意したのか。米国の劇作家リリアン・ヘルマンがマッカーシー旋風の中で獲得した「まともさの感覚」の重要性も含め、その過程が詳しく解説されている。

「態度のところでつかまえて」という見方は非常に現実的で的を射ている。その人その人の思想はその人が取る態度が表している。著者、上原隆さん自身の生活術（態度）も紹介されており、十年間ご自身が実行した効果も検証してある。

気負ったところは必要ではなく日々の生活態度が思想を形作る基本となること。これは、毎日あくせくと生き急いでいる我々にとってみれば、「なんだそんなことか」と思う反面重要な事項を指摘してもらった気がする。

鶴見俊輔さんの著作もさることながら、本書の著者である上原隆さんは忠実な態度の再現を行っているところに我々「普通の人」に対する説得力がある。

本書と共に冒頭に紹介した鶴見俊輔さんの『戦時期日本の精神史―一九三一～一九四五年―』も是非とも読んでいただきたい。

映画『ストレイト・ストーリー』デヴィッド・リンチ監督

アメリカ　一九九九年

自分の力でやり抜くことに意味がある

病気で倒れた兄に十年前に仲違いをして別れた弟が会いに行く話である。病気で目が見えにくい、そして杖無しには歩けない七十三歳の弟。庭の芝刈りに使う小さな小さな、おもちゃのようなトラクターに荷車を付け、はるばる五百キロ先に住んでいる兄に会いに行く、ただそれだけの物語。

トラクターの速度は時速八キロ。数週間かけて行くのである。その旅の間に出会う人々に対して語る主人公の話、そして出会う人々の温かい態度が印象に残る。印象に残るのは主人公が経験を語る言葉の重さもある。

ストーリー自体は非常にシンプルであるが奥深い映画である。一晩を共に野宿したヒッチハイクの少女が主人公よりごちそうになった夕食に対し、こんなお礼しかできないと書き置いた周辺で集めた薪の束。酒が無くては居られない退役軍人に対する主人公の身の上話。急な下りの坂道、トラクターのブレーキが壊れ、危うく死ぬところだったのを助けてくれた人との語らいや、庭で野宿をさせてもらった教会の神父との会話。また、途中自転車のレースで会った若者との話の中で、歳をとることについての良いことと悪いことについての語らい。「若い時のことを憶えていること」が一番つらい。これもまた真実だと思う。

兄とは昔、仲が良かった。しかし、今となっては原因などどうでも良いことであったのだが、十年前に仲違いをしてしまった。歳の近い兄弟は信頼でき、大切にしなければならない……、トラクターの修理を頼んだ口喧嘩ばかりしている仲の悪い兄弟に話して聞かせる所も素晴らしい場面である。

五百キロという距離は車で行けば一日もかからない、しかし、運転免許もなく、目も見えにくく、他人の車に乗せてもらうのもいや。とにかく自分の力で兄に会いに行くのだ、という決意。途中でトラクターが故障してしまい、親切な人が車で送ろうと言ってくれても、それを断り自分の力でやり抜くと主張する。自分の力でやり抜くということが、十年間会わなかった兄に会うために必要なことであったのだ。

人は決して一人では生きていけない。人と人との関わりあいの中で生きてゆけるものなのである。そんなことを再認識させられる映画である。

それからもう一つ、主人公の気性も大切な要素である。日常的に使う「頑固」これにはいろんな評価があるだろう。しかし、自分の主張を持つこと、正しいことを主張すること、これは大切なのである。でもそれを曲げて自尊心を抑えてもやり遂げなければならないこともある。兄に会いに行くことがまさにそれなのだった。

『裏庭』　梨木香歩

新潮文庫　二〇〇一年

心の奥深くにある感性の庭を大切にする

夜明け間際のまどろみの中で一度目が覚め再び眠りにはいる、そして長い夢を一ストーリー見る。目を覚まして時計を見ると先ほどからわずか一～二分しかたっていない、こんな経験をすることがある。いかに人間の頭脳は高速で働いているのだろうかと思う。

この物語の中ではいつも、「礼砲」と呼ばれるものが鳴り響いている。最初はその違和感のあるものの正体が分からない。その「礼砲」の音の意味を読みとる「音読みのおばあさん」が出てくる。（「おんよみ」ではなく「おとよみ」と読む）悲しみ、危機、崩壊、建設……礼砲の音が表している意味を読み取るのである。さて、「礼砲」とは何なのか？

裏庭（バックヤード）の意味するものは大きい。それは時には命まで奪ってしまう可能性を持っている。荒れ果てた「裏庭」は常に修復し、育てて行かなければ大変なことになる。「裏庭」とはまさに人の心の奥深くにある「感性の庭」なのである。

作者、梨木香歩さんはこの物語の中に多くの比喩と大切な想いを織り込んだ（織り込むという表現は彼女の文章に合っている）。それらを読み解くことが本作品を味わう重要なポイントであろう。読んだ後、自分の生き方に大きな反省を感じさせてくれる物語であった。

誰しもの心の奥底にある「裏庭」を育て、管理し、大切に持ち続けて行くことの重要性を感じた物語であった。良かった。

『西の魔女が死んだ』　梨木香歩

自分で決めること、信じるものを持つこと

新潮文庫　二〇〇一年

この物語は人生にとって大切なことを教えてくれる。「魔女」になるには「物事は自分で決めること」、この言葉はその最たるものである。その他には「信じるものを持つこと」「思いこみをしないこと」。明言的には出てこないが、「人を信じること」「優しい心で対応すること」などがある。

主人公「まい」の大好きなおばあちゃんは大の日本好きの英国人。彼女はオールドファッション的な英国人女性の生き方、つまり、いろんな知恵を生かした主婦の生き方をしている。

主婦（日本的な言い方だが）といっても、畑でのハーブの栽培や、自然と共生して生きる素晴らしい暮らしなのである。そして、最高の秘密はおばあさんが「魔女」であるということ。登校拒否のまいは「魔女」の末裔としてワクワクしながらおばあちゃんの指導でその修行に励むのである。

修行といってもごく普通の日常の生活の一端でしかないのだが、（魔女という）自覚を持って物事を行うのと、苦役と思ってやるのとは随分大きな違いがある。「魔女」とは自律的に生きるための魔法の言葉かも知れない。素直な中学一年生が思うのと同じように、私のような歳の者であっても何かしら「魔女」とは「秘密の合い言葉」のように感じられるのだ。

梨木香歩さんの小説は『からくりからくさ』（新潮文庫、二〇〇二年）にある「日常を生き抜く」ということの大切さが根底に流れている。生き抜くためには何が必要なのか？　それが、「自分で決める」こと、「信じるものを持つ」ことなのである。

クライマックスは感動的である。明るい死に方、魂の解放、わだかまりの解消、そして、大切な約束の実行がここに凝縮される。思わずナイス！　と叫んでしまう。そして……「アイ・ノウ」おばあちゃんのこの言葉にやさしさが滲む。

『僕は、そして僕たちはどう生きるか』梨木香歩

理論社　二〇一一年

自分で見て、自分で考え、自分で行動する

生きるための「思い」を込めて書かれた梨木香歩さんの小説である。吉野源三郎氏の『君たちはどう生きるか』（新潮社、一九三七年）が根本にあり、同じ形式でストーリーが作られ、登場する主人公のニックネームも吉野氏の著書と同じコペル君である。

本書で取り上げられているテーマは吉野源三郎氏の著書でのテーマの一つである「視点の転換」と、それに深くつながる「主体としての自分の在り方」が梨木さんの作品にも踏襲されていることが読み取れる。

また、人間の弱さと、それを認識することによる成長についても両作品共に事例を持って記述されている。

もちろん両作品は時代背景が異なるため、梨木さんの物語は、現代の社会のなかでの出来事となっている。

物語自体のあらすじは、主人公のコペル君が叔父さんのノボちゃんと共に、染色の材料

を採集しに友人の〝優人《ユージン》〟の家に行くところから始まる。ユージンの家で、幼馴染のショウコに出会い、そこで野草を採集して食事を作る。そこではコペル君の昔の恥ずかしかった事とか、ユージンの気持ちが分かっていながら自分としては何も行動や発言が出来なかったことに対する反省などが語られる。また、里山を守るために奮闘したユージンのおばあさんやショウコの母親のこととか、良心的兵役拒否の話など、違和感なく含められているのも興味深い。

実はユージンの自宅の原生林のような庭には〝森の精〟がいたのだ。後程訪れたショウコの母の友人であるオーストラリア人のマークも含め各々の関係性の中で語られる会話の中に、標題が示す、生き方についてのヒントが織り交ぜてあるのである。

本書の中に出てくる生きるためのヒントとなる主要な言葉を紹介する。

『群れが大きく激しく動く、その一瞬前にも、自分を保っているために』

群れ（社会）の中における自分（個人）の存在、これを保ち続けることがいかに大切なことであるか。人がどう言おうと自分の考えとしてそれが合っているのかどうかを確認することが大切であること。

『「普通」といううさん臭さ』

この小説の中に出てくる部分で、若い女性が騙された「普通」とははたして普通であるのか？　単に声高に「それは普通だ」と叫ぶ者の胡散臭さがそこにあるということを指摘している。

『人は人を「実験」してはいけない。』

その昔、「どっきりカメラ」というテレビ番組があり、芸能人を騙し、そのリアクションを笑い、最後に種明かしをするというちょっと酷いものであった。テレビ番組の内容は他愛ないものもあったが、現実の社会ではもっと狡猾に人々を騙したり、迷わせたりする出来事がある。人類の不幸、禍根はすべてここから始まっていると言っても過言ではない。

『自分の基準で「自分」をつくっていく。他人の「基準」はそこには関係ない。』

『大勢が声を揃えて一つのことを言っているような時、少しでも違和感があったら、自分は何に引っ掛かっているのか、意識のライトを当てて明らかにする。自分が、足がかりにすべきはそこだ』

現実社会では「そんなことあたりまえじゃない。みんなそうしているのだからあなたただけがやらないというのはおかしい」というようなニュアンスでいかにも当然のようにして「強要」されることがある。でも実はそうではない。大勢の中に流されてしまってはいけない。自分はどう考えるのかをそこで再確認すること、そして自分の良識に従って行動をすること。これがいかに大切であり、いかに難しいことなのか。（昨今のコロナ禍の元で

の社会の在り方、対応の仕方。ロシアのウクライナ侵略をネタに進む改憲論議など、とても恐ろしい状況がある）

「僕は、そして僕たちはどう生きるか」という題名については、僕はどう生きるかを考えているうちに、それは「僕たち」はどう生きるかに繋がっていくこととなる。群れのために自分の命まで簡単に投げ出すことは昆虫の世界でも見ることが出来る、しかし、人間であればもっと進化した「群れのため」にできる行動があるはずではないかと著者は指摘する。

『僕は軍隊でも生きていけるだろう。それは、「鈍い」からでも「健康的」だからでもない。自分の意識すら誤魔化すほどずる賢いからだ。』

ストーリーでは主人公コペル君の友人であるユージンが大切に育てていたニワトリのコッコを家庭の事情で飼えなくなって学校へ持っていくと、熱血教師の杉原が「食育」として潰してしまう。今までコッコを可愛がっていたユージンの気持ちを一番よく知っているコペル君であったが、杉原にそれを止めるように言えなかった。これはコペル君の後々の大きな慚愧《ざんき》となる。

この部分は吉野源三郎氏の『君たちはどう生きるか』のなかにも場面は当然異なるが、出てくる要素であり、苦い経験であるがとても大切な事であるのだ。実は私自身も心の中を覗かれたような気がしてドキッとした。自分が気付いておれば勇気を出して行動（発言）するということ、それは自分が打ち勝たねばならないテーマだと思っている。

『泣いたら、だめだ。考え続けられなくなるから』

泣いていたって問題は何も解決しない。歯をくいしばって考え続けなければ展望は見えてこない。（以上『　』内は本文より引用）

この本の中には煌めく言葉が沢山出てくる。そしてまた、その言葉の背景を説明している場面もあり、それぞれに重い。ずいぶん欲張りな物語であり、梨木さんの思いがたくさん込められている。

ここで一番大切なのは「自分で見て、自分で考え、自分で行動する」ことである。

（本書のベースである『君たちはどう生きるか』に関する上原隆氏の解説書『君たちはどう生きるかの哲学』を１３３ページに掲載しています）

『炉辺の風おと』　梨木香歩

民主主義という山脈を見つめ続ける

毎日新聞出版　二〇二〇年

本書は毎日新聞日曜版の記事『日曜くらぶ』に二〇一八年四月から二〇二〇年六月まで連載されていた梨木さんのエッセイをまとめたもの。八ヶ岳の中腹の山小屋、そこに造られた「火床」の前で移ろいゆく季節を綴っていく、そんな文章を梨木さんは書きたいと思った。

全五章からなり、各章毎に三～六話が綴られている。梨木さんは八ヶ岳中腹に山小屋をお持ちであり、その地での小鳥や植物の話題がメインである。しかし、それ以外にも英国での下宿暮らしのこと（火のある風景）、心惹かれた住宅のことや、アイルランドの漁師小屋をイメージした山小屋の炉床の話（風の来る道）、串田孫一氏の「山の深みに届く生活」の尊さについての思い（同題）、など興味深い話題が続いている。

自然に関する思いや、過去に通っておられた九州霧島の山小屋での思い出などに続き、お父様の終末医療の事も記載されている。画一的、マニュアル的に進められる老人への対処、その中でとても大切な事が置き去りにされていること、それをご自身が体験され、人生でもっとも大切な「神話の時間」の在り方について、その思いを語られている。（密やかに進んでいくこと）

最後の第五章（遠い山脈）では昨今のこの国の弱い部分について新型コロナウイルス対策や、ウクライナ侵略でロシアに加担している隣国ベラルーシの大統領選挙などを例にふれられている。（この文章の中で使われている「忖度」という言葉もこの国のこの時代を表している）

少し引用させていただくと、『非常時や緊急事態という言葉が繰り返されると、社会全体にアドレナリン放出のスイッチが入る。上に立つ組織がアドレナリン中毒に陥って、その快感に麻痺してしまうと「レミングの集団自殺」のようなことが簡単に起こってしまう。犠牲死がいちばん美しいなんて考え方はその快感の最たるものだ（だったら率先して実行なされば良いのだが、そういうことをいい出す人は、まずやらない）。』また、ベラルーシの二十一歳の女子学生の語りで『私たちはずっと恥ずかしい思いをしてきた、ウクライナ人には「オレンジ革命」があり、グルジア人には「バラ革命」があった、でも私たちは笑われている、ここはヨーロッパ最後の独裁政権だと。』など、これは特に大切な社会現象の評価であると思う。

個別のエッセイをひとくくりにして感想を述べるのもなかなかできる事ではないのだが、梨木さんの思考は自然、鳥や植物、小動物の事、特に過去からの変化。建築物とそこに住まわれていた人の思い、そのような端緒の部分から昨今の命に関する事、マイノリティに関する事など社会的なテーマにつながっていくのである。本書の底流にはとても重いテーマが流れているのである。

余談になるが、実は私は八ヶ岳山麓の八千穂高原で二十数年間そこの自然と親しませていただいた。とても親しく接していただいていたペンション（ラ・ルゥ）があったのだ（残念ながら二〇二一年八月、高齢であったご夫婦が相次いで亡くなり、ペンションは新しいオーナーに引き継がれた）。私としては梨木さんの自然（特に地形や川の流れ）の描写に、場所はどのあたりだろうか……との思いも巡らしながらこのエッセイ集の背景を想像しながら楽しませていただいた。

『君たちはどう生きるかの哲学』上原 隆

幻冬舎新書　二〇一八年

自分の問題を見つける

一九三七年、『君たちはどう生きるか』が書かれた。著者、吉野源三郎氏が三十八歳の時のもの。時代は日中戦争の初期、盧溝橋事件が起きた年である。この本が八十年たった後、二〇一七年あたりから爆発的に読まれ出した。その理由は色々あるのだろうが、本書の著者、上原隆氏は「世界はこうなっているという大きな物語が失墜し、多くの人が大所高所から正義を語ることはできないという気分になっていた。あるのは、個々の問題ごとの理論や運動だけだった。そんな時に、「君たちはどう生きるか」この素朴で実直な問いかけが人々の心に届いたのだろう。」と推測されている。

本書は『君たちはどう生きるか』の解説をベースに、「日本人の書いた哲学書としてもっとも独創的なものの一つだ」と称賛した鶴見俊輔氏の視点や態度を詳細に解説している。

まず、メインの吉野源三郎氏の『君たちはどう生きるか』の内容を紹介する。

十五歳の少年コペル君が社会や学校でいろんなことを体験し成長してゆく、その過程では挫折することもあり、思い悩むこともある。そんな時コペル君の叔父さんはコペル君にアドバイスをし、その過程をノートに記録するのである。

コペル君のこの精神的成長過程に託して筆者は人の生き方と社会の見方を読者に伝えているのである。

上原隆氏はこの『君たちはどう生きるか』の各章毎に本文の解説を加えると共に、その話題に関する鶴見俊輔氏の思想や行動、そして自分の考え方も述べられている。

本書のなかで、私が特に重要だと感じた所が数か所ある。まず一つ目が、「自分の問題を見つけること」である。自分の問題とは、自分の弱点を明確にし、それと向き合うことである。

二つ目は、「現在の出来事を歴史の厚みを持って判断する」ということ。昨日、今日の情勢でもって、今起こっている出来事を判断するべきではなく、長い歴史や伝統の厚みを背景に出来事を見て行くべきであると言われている。

三つ目は、「思想は身についた態度（反射）に表れる」、意識していても行動に移せない状況とは……コペル君は上級生の暴力に対してはみんなで対処しようと友達と約束していた。しかしその場面になった時、コペル君の足は動かなかった。それは日常で身についた反射がなかったから。この反射を身につけるには「生活術」しかない。地道なことでも決めたらやり通すことが大切である。その事例が本書に示されている。

それから、先のコペル君の話に関連して、叔父さんのノートを見てみると、「僕たちは、自分で自分を決定する力を持っている。だから誤りを犯すこともある。しかし、ぼくたちは、自分で自分を決定する力を持っている。だから、誤りから立ち直ることもできるのだ。」

こうすれば良かったと悔やむことがある。失敗したことは後悔するが、それを忘れないでいれば、次に同じような出来事に出会った時の力になる。これを「体験カプセル」という。コペル君が上級生の暴力に対処できなかったことはとても大切な「体験カプセル」になっている。

最後に鶴見さんの言葉を一つ、「マルクスがすごいのは資本論を書いたからじゃない。飢えという問題を見つけたからなんだ。問題を解決するよりも、自分の問題を見つけることが重要なんだ」（本書より抜粋）

『ほんとうのリーダーのみつけかた』梨木香歩

岩波書店　二〇二〇年

自分自身の心の中の良識の声

小説家、エッセイストとしての梨木香歩さんの著作としては、少し趣が異なる書籍だ。昨今、海外情勢や新型コロナの蔓延などで「非常時」という言葉が良く使われ、その下ではみんなと同じでないといけない……という圧力が強くなっている。強そうな人の意見に流されてしまうところがあるのではないか。しかし、私たちが耳を傾けるべき存在はもっと身近な所に実はいるのだ。

かつて出版された『僕は、そして僕たちはどう生きるか』（125ページ参照）という彼女の著書が文庫化された節目に梨木さんが若い人たちにお話をする場面があった。二〇一五年四月のことなので少し前のことだ。この時の講演記録を書籍にしたもので、わずか六十九ページの本なのだがその内容はとても重要なことを私たちに教えてくれる。

この講演のきっかけとなった『僕は、そして僕たちはどう生きるか』が連載された時代（二〇〇七年前半）は教育基本法にさまざまな改変が加えられた年だった。その中で特に問題なのは「国を愛する」という個人感情に関わることが明文化されたことである。この時代、徴兵制に言及した知事が出たり、犠牲死を賛美するような発言や映画が作られたりした時代であった。本来、愛や敬意は強制や誘導から生まれるものではないのだ。

昨今の新型コロナウイルス蔓延に関してその防御のための同調圧力を、彼女はまるで戦時中の「隣組制度」のようなものの強まりとして警戒している。

ネタバレで申し訳ないのだが、ここでいう「ほんとうのリーダー」とは、「自分自身の心の中の良識の声」のことである。自分の中の本当のリーダーを掘り起こすことがまず必要であり、周囲の出来事について、おかしいなと思うことについては周りに問うことや、自ら考えることなく群れに流されてはいけないことなどが大切なこととして書かれている。

特にこの短い講演の中で彼女は金子みすゞさん（童謡詩人　一九〇三〜一九三〇）の「みんなちがって、みんないい」という言葉の重要性や、鶴見俊輔さんの経験された、「先の戦争」で行われた残虐行為の時の同調圧力についてそれに反発した事例を引用されている。

中国人捕虜を刺す（殺す）ことを命令され、そうしなかった日本人兵士の話である。命令に背き自分が殺されるかも知れない命がけの、言わば究極の場面の話である。そのような中で、その兵士は自分自身の中のリーダーの声に従い中国人捕虜を刺さなかった。そのために上官の命令で一晩中雪の中を這いずりまわされたということであった。

また、二〇一四年十一月、テニスのATPワールドツアーファイナルの中での話として、シングルス準決勝で錦織圭選手とジョコビッチ選手の試合があった。第一セットでは圧倒的に優勢であったジョコビッチ選手は、第二セットでダブルフォールトをした。そのジョコビッチ選手に観客は大きな拍手をする。呆れたジョコビッチ選手も皮肉を込めてなのか、自ら拍手をしたのだが、しかし、その態度を自分で反省したのかその後劣勢であったものの持ち直し、優勝した。という逸話がある。

度を越した観衆の態度（拍手）はジョコビッチ選手を不愉快にしたが自らの態度を反省し、リカバリーしたところが素晴らしい。（この辺りの心の動きを大半の新聞は報道していなかった。報道は自己に都合の良いことばかりではないということ。）

最後にこの『ほんとうのリーダーのみつけかた』が出版されるきっかけとなった講演会でのテーマ『僕は、そして僕たちはどう生きるか』のさらにその元となった吉野源三郎の『君たちはどう生きるか』について、それが出版された当時の時代背景や人々の感情が紹介されている。そしてそれが現代に似通っているところが恐ろしいとも。

第五章

去り行く時

親しい人の死・自分の死

死は誰しもに訪れる人生最後の時である。死とはどういうものか知らないがために不安が一杯である。しかし、避けることはできない。死は「必然」なのであるから。

『よく死ぬことは、よく生きることだ』というのはガンの再発と闘い続けた故千葉敦子さんの言葉であり著書である。「死」を考えるということは「生」を考える事でもある。これはより良い人生を送るためのとても大切な事なのである。

この章では死に対する色々な考え、思い、そして処し方が書かれている書籍を紹介している。ここで一番大切な事は、「死を身近なものとして、日頃から考えておく」という事なのである。

できるだけ早い時期に「死」について考えておきたい。そうすることによって、「人生の愛おしさ、日々を大切に生きる事の重要さ」が理解できる。また、多少だが「死は怖いもの」というイメージが薄らぐだろう。

『月山』　森　敦

未だ生を知らず、いずくんぞ死を知らん

河出書房新社　一九七四年

これは作者である森敦氏が自らの体験を小説にしたものであり、私が今まで読んだ小説の中で一番感銘を受けたものである。

冒頭に一つの言葉がある。「未だ生を知らず、いずくんぞ死を知らん」これは論語から引用された言葉であり、「生きることとすらよくわかっていないのに、どうして死のことがわかるのか」という意味である。この小説の中にはそこここに「死」というものに対する思いが著されている。「死こそはわたしたちにとってまさにあるべき唯一のものでありながら、そのいかなるものかを覗わせようとせず、ひとたび覗えば語ることを許さぬ、死のたくらみめいたものを感じさせる」「湯殿山で見聞きしたものは決して俗世間では語っては成らない。」（いずれも本書より引用）という戒めがかつてあった。この小説の背景となる注連寺を含む湯殿信仰は死というもののイメージが濃厚に感じられるものであった。

小説『月山』は作者の出羽三山の月山、湯殿山との関わりについて書かれているが、それだけではなく、ひと冬を「吹き（吹雪）」の吹き荒れる湯殿山の麓にある注連寺で過ごした主人公「わたし」がそこでの生活の中で接した老人達の生き方や、時たまやってくる「やっこ（物乞い）」達の振る舞い、（反射的に「わたし」のそこでの姿）を通してひたすらに冒頭の言葉に対する自分としての結論を見つけようとしているのである。

誰しも早いか遅いかという差異はあるにしてもいずれは「死」ということに真剣に向き合う時期がくる。「わたし」は庄内平野を転々としながらも食い詰めて、最後にたどり着いたのが注連寺であった。そこでひと冬を過ごす中で、念仏に集う老人や老婆達の姿、これといって産業もなく、密造酒でかろうじて生きている村人達の姿、寺の「じさま（爺さん）」や、時折寺を訪れる「やっこ」達の姿。作者は彼らを既に「この世」では無い別の世界の者達として受け止めている所がある。

そのような中でも、注連寺の裏山である、「独鈷《とっこ》ノ山」で出会った女性との淡い交流もあった。彼女との「先行き」が実現できれば、「彼《か》（非現実）」の世界から、この世界（現実）に戻れる……という様な思いを抱きながら。しかし、彼女の姿を、寒さに凍てた「セロファン菊」に例えたその思いとは。

また、もう一つ、冬の夜、部屋に舞い込んだ一匹のカメムシが、お椀の底から懸命に縁へ登ろうとしては転げ落ちている。そして、ようやく縁に上がることができると、羽を広げて飛んで行く姿を見て、ならば、なぜお椀の底から直接飛んで行かないのかと思うのである。

やがて春になり、村には村なりの活気が戻り、この世に自分を引き戻してくれる路線バスも雪解けと共にかなり上まで上がってきた。「わたし」はまた、新しい世界へ行くことになるのではあるが、月山を取り巻く自然や人々の生き方はなんら変わる事も無く、ただ淡々と続いて行くのである。

「ですます調」の穏やかな文体で書かれたこの小説は、「わたし」の語るテーマの重さに反して、とても穏やかで幻想的な雰囲気を醸し出している。(『月山』が評価される所以は作品が持つテーマと共にこの表現方法も大きなウエイトを占めていると思う。)

本作品は一九七三年下半期、第七十回芥川賞を受賞した。

『よく死ぬことは、よく生きることだ』千葉敦子

文藝春秋　一九八七年

充実した最後の日々を送るために

著者、千葉敦子さんは東京新聞のジャーナリストであり、ノンフィクションライターであった。本書はご自身の乳ガンと闘いつつ、アメリカと日本の医療制度の比較や問題点の指摘、人生最後の日々を過ごす場所としてホスピスの在り方やその実例などを詳しくレポートしたものである。特に終末期医療に関してはアメリカで行われている精神面も含めた手厚いフォローが紹介されている。

死にゆく人に対する「話しかけ」という行為は、患者が心にわだかまりを持っている場合はその解決のための協力など、人が心安らかに死へ旅立っていけるようなケアとしてとても大切であると言われている。

著者は自分自身がガン患者であり、再発三回の渦中でこの著書を綴った。病気に対するご自身の闘い方は素晴らしいものがあり、『その敵をしっかりと見据えて、ほぞを固め、ただ一度の人生を私らしい生き方で生きたい。そして、命が尽きる時には、私らしい死に

方で死にたい』（本書より引用）と述べられている。

一九八〇年代の日本ではガンという病気について知らないですまそうとしたり、考えないようにしようと思っている医師や患者が多くを占めていた。著者は、誰しも死を避けることはできない、そして、その準備なくしてはいい死に方ができるとは思えない。そのような心構えから、ガンに対する医療の現状や問題点、ホスピスというものについての積極的な調査を進めていた。

著者は本書の中で特に患者に対する精神面のケアを最重要な点として指摘している。（聖路加国際病院の日野原重明氏の『死をどう生きたか―私の心に残る人びと』（中公新書一九八三年）の中でも、精神的なケアとして、この場合は「信仰」の役割が述べられている）

昨今は日本でもガン患者に対しては明示的に病気の状況や余命を伝えるようになってきたが、当時は自分が何の病気なのかという状況も知らされないままに亡くなるということが多くあり、その人にとっての「人生の締めくくり」ができなかったことも指摘されている。充実した最後の日々を送るためにはその状況から逃避してはいけないということである。

闘病の中で、彼女が有意義な時間を過ごすための大切な要素として、『私には関心を引く事柄がたくさんあるから救われている。世の出来事に全く興味のない人だったら、病気のことばかり考えてノイローゼになるだろう』(本書より引用)と述べている。そして、六年前にガンにかかって以来、ずっと「むだな時間は使わない」ことを心がけ、その時点でベストを尽くす訓練を積んできたこと、病が重くなっても何らかの気晴らしが必要なこと、日々、なるべくノーマルな生活に近づけることなど、よく生きるための手立てが多く紹介されている。そして、『自分の内側に希望の灯を絶やさないよう燃やし続けて行くつもりだ』(本書より引用)と締めくくられている。

この、『よく死ぬことは、よく生きることだ』に記述されている思いは、本書『世の中捨てたもんじゃないよ』の最後に紹介する久坂部羊氏の『人はどう死ぬのか』(講談社現代新書二〇二二年)に繋がる「生き方」であり、「死に方」なのである。

『ダイヤモンドダスト』　南木佳士

文藝春秋　一九八九年

いかに生きるかはいかに死ぬかと同義語

本書は雪国長野県の総合病院に入院しているガン患者たちの生き方と死に方を題材とした小説である。

著者の南木佳士さんは一九五一年群馬県生まれ、長野県南佐久郡臼田町の佐久総合病院の医師である。（一九八九年時点）

この著者および作品に出会うきっかけとなったのは、長野県の八千穂高原へスキーに行った時親しいペンションのオーナー（故人）が紹介してくれたからである。いい老人であるオーナーがこの地域の話題が多いからとのことで南木さんの作品集を読んでみたとのこと。南木さんの小説には湖の氷上での「わかさぎ」釣りの話や、雪深い信州の地での生活の話題が豊富であった。

『ダイヤモンドダスト』は病院の看護士をやっている主人公「和夫」の幼い時から現在に至るまでの話である。父親の松吉は電気機関車の運転士だったが、退職してからは脳卒中を患い、体が少々不自由である。息子の正史は保育園へ通っている。この男ばかりの家庭になった経緯がまず紹介されている。

和夫の母は和夫が小学校四年生の時肝炎でなくなった。妻俊子は正史を産んで四年後、ガンで死亡した。和夫の病院に入院してきたアメリカ人の宣教師マイクもまた死亡していく。同じ部屋に脳卒中が再発して入院した松吉との交流の中に深いものがある。マイクとの約束から松吉は水車を作り出す。しかし十二月の凍てつく朝、松吉も心棒が凍てついた重みで折れた水車の前で倒れていた。冬の寒い朝によく見られるダイヤモンドダストが天空へ舞い昇っていた。静かな風景である。

「死」とは何か？　それは風が吹くみたいにふいにやってくるものだ……と和夫の母を看取った医師がいう。マイクは不治の病に冒され、誰しもが悲観に暮れる状況になっても常にまわりに対する心遣いを忘れなかった。生きるとはそういうことなのかも知れない。マイクと松吉、合うようには思えない二人の交流とそのことをきっかけとした松吉の水車作り。水車を作ったこともない松吉を水車作りに駆り立てたのはマイクとの交流の中でかつて、地元振興案の一つであった水車作りの話が出て、それをマイクが勧めたからである。これが生きる力である。しかし、最後には水車も朽ち、松吉も倒れてしまった。死はすべてに平等に与えられることが約束されたことなのである。

他の書評の中でも述べたが、いかに生きるかはいかに死ぬかと同義語である。目を見開いて、来るべき死を見ることは非常に辛く、また苦しいものである。しかし、その本質を見抜き、「来たるべき時」にどのような態度をとるかを考えることはとても大切なことである。

「何げなく聴き過ごしてしまう一言の重さ」「ささやかな一つの行為の深遠さ」これらに気づくこと、また「些細ではあるが大切な言葉を発すること」ができること。それが生きることであると感じた。

（一九八八年下半期　第百回芥川賞受賞作品）

『夏の庭 The Friends』　湯本香樹実

福武書店　一九九二年

子供たちとの交流、生きる力

この物語は映画化されており、ずっと以前に見たことがある。主人公は三人の少年と一人の老人。彼らの幼さ、初々しさそして成長の過程のほろ苦い出来事、とてもほほえましく、また懐かしく思える部分がたくさん出てくる。老人に生きる力をくれた子供達との交流の物語。

人の「死」ってどんなものなのだろう？　物語は少年達の素朴な疑問からはじまった。人の「死」を見るために少年達は、近所にあるボロボロのゴミダメのような家に住んでいる、死にかけている（と思われる）おじいさんの監視を始めるのだ。

やがて、そのおじいさんと三人の少年は親しくなり、おじいさんの家の掃除や修理、草抜きなどを手伝うようになる。おじいさんも少年達と交流が出来て、次第に生活に張りが出てくる。生きる意欲が戻って来たのである。そして身の上を少しずつ話すようになる。

少年達の行動力は素晴らしい。昔、おじいさんと結婚していた女性を探しだし、おじいさんのわだかまりを解くために会いに行く。そしてまた、自分達できれいにしたおじいさんの家の庭にはコスモスの種を蒔き、花が咲くのを楽しみにしていた。

少年達の夏休みは忙しい。八月の終わりにあったサッカーの合宿から帰ってみると……。

死は避ける事のできない出来事であるが、その間際まで、いかに良く生きるかということを考えることが大切である。子供との交流が老人にそれまで無気力であった生活を変えさせ、心にわだかまる問題が解決できたのである。

本書もそうであるが、子供（達）が主人公の小説はいつも感動する。『TUGUMI』（吉本ばなな著、中央公論社、一九八九年）『君たちはどう生きるか』『サウスバウンド』（奥田英朗、角川書店、二〇〇五年）『西の魔女が死んだ』『愛しの座敷わらし』（荻原浩、朝日新聞出版、二〇〇八年）『星の降る町』等々（少々作家に偏りがあるが）、子供の目を通して、子供の心で語らせるという方法は「大人が話す」もしくは「大人が思う」という形をとるより、より素直で、より純粋にその思いが表現できるから読み手に与える感動も大きいのかも知れない。

『浄土』　森　敦

講談社文芸文庫　一九九六年

死は苦しんでいる人を助ける一つの方法

『月山』で芥川賞を受賞した森敦氏の晩年の短編小説五編。『浄土』は幼い頃、朝鮮半島で一緒に遊んだ少女との思い出を記述したもの。『吹きの夜への想い』は小説『月山』の舞台であり作者が住んだ湯殿山注連寺や庄内平野の話。『杢右ヱ門の木小屋』も『月山』時代の内容。『門脇守之助の生涯』もその中に出てくる注連寺の寺男のことを綴ったものである。

『杢右ヱ門の木小屋』は日に三回山の上の自分の木小屋まで重い荷物を運びあげる杢右ヱ門に筆者は同行し、歩きながら移り変わる山の姿や「吹き（吹雪）」の襲来を見、また杢右ヱ門との会話の中にある「生死」や「業」についての思考が書かれている。

『門脇守之助の生涯』は『月山』の中で主人公（著者）が世話になった「注連寺」の寺守りの日々の生活や思い、そしてその生涯を綴ったものである。

春になり、注連寺を去って行った著者の再訪を心待ちにしていた守之助のじさまに著者が再び会いに行った時にはすでにじさまは逝ぎて居た。物語はいつしか死後の世界に入っていくのであった。

この世ではない世界を表現した文章である。厳然と生きている自分や他の人たち、その生きている姿さえ、本当に生きているのか逝ってしまった後の世界なのか、それは月山を登っている時に「吹き」に吹かれてどこか別の世界に閉じ込められた、そんな感覚に陥るのである。

死後の世界を表したような表現の森敦氏の作品に人はなぜ惹きつけられるのだろうか？

それは、現在生きているこの現実の世界には多くの苦しみがあり、日々その苦しみと戦いながら、人々は生きている。もちろん『月山』の作品の中に出てくる人々も例外ではない。現代社会と比べても、もっと過酷な人生を送っている。そんな苦しみの連続の中で、ふと、死後の世界が極楽浄土であるという思いになびいてしまい、苦しさから逃れるためにこの作品が読まれるのではないだろうか。

この小説の中では、現実の人生が苦しいため、縊れてしまう者も出てくる。それは現在でも同じなのかも知れない。そのことの是非は誰にも判断できることではないだろう。

森敦氏はそのような状況を淡々と、まるで日常生活の一部のように書いている。別に悲しむわけでもないし、ましてや喜ぶわけでもない。ただ、淡々とその事実を受け入れているのである。「あの世」の存在は信じてはいないが、それでも、死は苦しんでいる人を助ける一つの方法であり、「あの世」の存在を信じる事は死に赴く人の一つの「寄る辺」となるのである。

『金色の野辺に唄う』 あさのあつこ

小学館文庫　二〇一〇年

人生の重荷にどう対処してゆくか

四世代に渡る女系家族の物語。曾祖母が亡くなる前から葬送までのわずか二日間の間の話であるが、曾祖母、祖母、母、子そして、親族、花屋の店員などの回想が続く。人は生きている間、いろんな確執に翻弄される。そして、それは死に際まで続く。生きていくことも辛いことは多いが、死んでいくのもなかなか身軽では無い。資産があろうがなかろうが、美貌であろうがなかろうが、人はそれぞれ引きずって行くものを多く持っている。

この小説を読み終えて、なんと人生とはしんどいものかと思ってしまうのである。よくよく考えると、今の自分だって、いっぱい重荷を背負っているのであるが、あんまりそれを気に病むと生きては行けない。しかし何も考えないと今度は周りを傷つけることになる。持っている重荷は引きずらねば仕方がない。すべてがすべて切り捨てられるものではない。だからなるべく気にしないことが生きていく上では必要なのだろう。しかし、他者に対しては、そんな重荷をなるべくなら持たせることのないように配慮することが、せめてもの心遣いなのだろうと思う。多くの人がそんな風に考えるようになれば、少しは生きやすい社会にはなるだろう。そんなことを思った。

『誰にも書ける一冊の本』　荻原　浩

光文社　二〇一一年

誰の人生であってもそこにはドラマがある

ストーリーは主人公の父親が亡くなる話である。主人公は父親の告別式までの間に父親が書いていた小説なのか自伝なのかわからない文章を読みつつ父親のそれまで知らなかった部分を知り、文章のまずさに辟易しながらもいろんな思いをそこに感じていた。そしてまた自分自身の今までの人生も織り交ぜて父親の人生との対比などもしている。

父の話は子供の頃のことから始まり、文学への傾倒や戦時中の予科練での経験。復員後は斜陽産業であった炭坑で働き多くの社員を馘首《かくしゅ》したこと、会社に楯突き連絡船の切符切りに左遷させられたことなど、こと細かく記述されていた。しかし主人公はこの父の話が真実であるとは半ば思っていなかった。

話の中には父の配偶者ではない女性が一人出てくる。アルバムのその時代の何枚かが剥がされている。通夜の夜、弔問に訪れた見知らぬ老婦人がその人であった。母は席をはずした。

最初は批判的に読んでいた主人公も徐々に父親の物語に引かれ、居間に安置された父親の骸と共に酒を酌みながら原稿を読み進む。残りのページを惜しむように。

誰の人生であってもそこにはドラマがある。「人生は長く短い物語」だ。そしてまた誰しも、特に男は男親に多少の反発を持つものである。父親の語る話が嘘っぽく思えるのもそんな感覚からだろう。

しかし、告別式の朝、雪に埋もれていた街にやがて晴れ間が出てきた時、集ってきた参列者は父の小説の中に出てくる多くの人達であった。

（本作品はテーマ競作小説「死様」の六作品の一つ、「小説宝石」（光文社）二〇一〇年六月号、七月号の掲載分に加筆されたもの）

『旅猫リポート』有川　浩

文藝春秋　二〇一二年

人が幸せを感じるのは人と人との関係

「動物ものかー」大好きな作家、有川浩さんの小説でまだ読んでいない文庫本が加古川市中央図書館の書架に並んでいた。書架より抜き出して拾い読みした時の最初の印象はこれだった。元来あんまり「動物もの」は好きではないのだが、有川さんの小説ということで読んでみる事にした。

しかし、自分の先入観は読み進むにつれ、完全に壊されて行ったのだった。主人公はナナという名の猫なのであるが、ナナを拾った（という表現は誇り高きこの動物には似合わないようであるが）飼い主サトルとナナとの「最後の旅」のなかで「二人」が色んなものを見、いろんな体験をする、その情景を猫から見た感覚としてとてもうまく表現しているのだ。

猫の特徴や性格もよく表現され、まるで人間の感覚、いやそれ以上の感性でもって描かれている。これを読むと猫と語り合えない事が残念に思えてくるのである。

ここに登場する主人公、猫のナナは人の言葉を解し、人の心まで読み取ることができる。しかし、それは実は全くのフィクションではないのではないかと思わせるのである。自分の身近にいる野良猫も実はナナのように人間の言葉や行動を読み取っているのではないかという疑いすら持ってしまうのだ。

この物語自体は実はとても悲しいお話なのではあるのだが、そんな運命付けられた中においても、サトルとナナの旅の中でのふれあいはとても幸せな雰囲気を醸し出しているのである。

最終章に近いところで、それまでに明かされていなかった色々なセンセーショナルな事実が出てくるのだが、この二人、（一人と一匹）にとって問題は深刻ではあるが、それを乗り越えているという安堵感を持たせてくれるストーリーであった。

人の幸せというのはいったいどこからくるのだろうか？　厳しい境遇にあってもそれを苦にせず生きていける人、日常の些細な出来事についてそれを楽しめる人、こういう人は幸せなのであろう。経済的にとても恵まれた人であっても幸せだとは必ずしも言えない。欲しいものがあればお金を出せば買える。好きな所へ旅行にも行ける、コンサートや美術館にも。でもそれでも幸せを感じられない人は居る。人が幸せを感じるのはやはり「人と人との関係」なのであろう。

サトルとナナが最後の旅で訪れたのは昔から親しかった友人たちのところである。一番重大な事を隠し、親しい人と昔の事を語り、楽しいひとときを過ごす事、それがサトルにとっては一番幸せを感じる事であった。

それからもう一つ、サトルがナナの次の飼い主を見つける旅、という位置付けで出発したにも関わらず、結局サトルはナナと離れる事ができなかった。実は共に旅ができて幸せだったのだ。サトルにとってはナナも大切な友人の一人であり、そこに人が幸せを感じる要素があったのである。

話は小説から離れるが、仮に自分の人生の先が見えてしまった時、自分なら残された時間をどう過ごすだろうかと考えてしまう。しかし、そんなことはその場面になって考えても既に間に合わない場合も多いのではないかと思う。もう、今からでも、そうなったら……と仮定して、やりたい事ややるべき事を考えておいた方が良いかも知れない。人生なんて、現実的に不治の病で余命いくばくもない、と言われなくても、単に自分の先行きが見えていなくて人生はまだまだ続くという錯覚に陥っているだけなのかもしれないのだから。

ひと月が短く、十年が長いのは比較すればそのとおりかも知れないが、実はそうは言えないのではないかと思う事もよくある。幸せという何だか良くは解らない指標ではあるが、それを考えると人生は「時間の長さ」ではなく、「どう生きたか」という点が重要ではないかと思うのである。（そんな事は昔から言われている事だと言われればそのとおりなのだが）

人は自分の環境や境遇を指標として他の人の「幸せ度」を推し量るところがある。確かにそれも大切な見方の一つだとは思うが、それだけではなく別の視点もあるだろう。生涯労働に縛られ、楽しい行楽なども経験せずに逝ったとしても、その人には家族や親しい友人がたくさんいて楽しい語らいができる境遇であった場合と、逆に経済的には何不自由なく、仕事をする必要もなくて日々遊んで暮らしている人が実は孤独であり必ずしも幸せだとは言えない場面もあるのである。

何だか本来のストーリーを外れてしまった話をしているが、二人（一人と一匹）の先行きの幸せはこの結末以外には考えられないと思ったのも事実である。

『ライオンのおやつ』　小川 糸

死に際した時の心の安らぎとは

ポプラ社　二〇一九年

私は死ぬのが怖い。よくはわからないが世の中の多くの人たちも実は怖いと思っているのではないかと思う。昨今死因の多くは心臓疾患、脳血管障害、ガンと言われており、その中でも特に多くなってきたのはガンであるとのことで、今や二人に一人が罹る病気になっている。

この物語は三十三歳の女性がガンになり、治療に手を尽くしたがとうとう手立てがなくなってしまい、瀬戸内の島にあるホスピス（終末期を過ごす施設）「ライオンの家」で残りの人生を過ごす話である。彼女の気持ちや思いはここでの生活を通してどう変わって行ったのかが描かれている。

このホスピスには特徴的な行事があった。それは毎週日曜日、入居者がもう一度食べたい「思い出のおやつ」をリクエストできる「おやつの時間」があるのだ。入居者はリクエストするおやつに対する思いやそれにまつわる逸話をリクエスト用紙にしたためて施設の責任者である「マドンナ」に手渡す。

日曜日のおやつの時間、入居者はリクエストに書かれたお菓子に関わる逸話を聞きながら、その人の人生や思い出、家族の事、幼いころの事などを知り、理解しながらおやつを味わい、その時に自分の事だけでなく、周りの人の事に意識が向くのである。また、「ライオンの家」この奇妙なホスピスの名前、その謎にも気づくのである。

話は小説から少々離れるが、四年前の年末近くに二十年来の付き合いであった東京の友人をこの主人公と同じ病気で亡くした。余命少ない彼に、いったい自分は何をしてやれるのか、どんな言葉をかけてやることができるのか……ということをその当時悩んでいた。

しかし、自分で経験した事に関してはいろいろとアドバイスはできるのであろうが、未だ経験していない「死」というものに関してアドバイスをすることは基本的には不可能であると自覚せざるを得なかったのである。しかしこのたび本書を読んでみて、もう半年早くこの小説を知っていたなら（私が本書を読んだのは二〇二〇年）と心から悔やんだのであった。

本書は二〇二〇年本屋大賞（書店員が自ら一番売りたい、多くの人に読んでもらいたいという作品を選んだもの）の第二位に輝いた。それがとても納得できる小説であった。

私はこれを読んで死ぬことに対する怖さが少し和らいだ。

『人はどう死ぬのか』久坂部　羊

日頃から死を考えておく事の大切さ

講談社現代新書　二〇二二年

「死」は誰しもに訪れる人生最後の出来事である。多くの人（自分も含めて）は「死」は怖いもの、できればあまり考えたくない（実際に考える事を避けている）事だと思う。この本は、忌避される「死」に対して前向きに考え、どのように対処すれば幸せなのか、怖くないのか、苦しまなくていいのかを教えてくれる。本書の帯には『誰も書かなかった新しい「死に方」の教科書』とあるが、まさにそのとおりである。

著者は一九五五年大阪生まれ、大阪大学医学部卒業。在外公館で医務官をしていた経歴をお持ちである。医療を題材にした小説や本書のような著書も何冊かある。

「死」という出来事はできればあまり考えたくないテーマである。しかし著者は終末医療の現場にいて、多くの人の死を見続けてきた中で、「人の死はどうあるべきか」という事を考え続けた。

本書では「死」という事を積極的に考え、読者に「自分自身はどう死ぬべきなのか」について思いを巡らせておくように勧めている。

本書のポイントは……

・人工呼吸器や透析器で無理やり生かされることは幸せか？（蘇生術の残酷さ）
・死ねない事の恐怖（延々と続く痛みや苦しみ）
・死の恐怖とは何か？
・ガンに関する世間の誤解（余命の意味）
・病院でなく自宅での死
・求めない力
・最後は自己肯定と感謝

……である。

先の『ライオンのおやつ』の書評でも書いたが、三年半ほど前、東京に住む友人がガンで亡くなった。この世を去らねばならない彼に対して、自分は何をしてやれるのだろうか……と当時は悶々としていた。ラインやフェイスブックで勇気づけたり、これはと思う本を送ったりもした。しかしその時は自分自身が自分の事として「死」と真剣に向き合っていなかった事に気づかされただけであったように思う。

本書は二〇二二年三月に発行された新しい本であるが、この本の著者が今までに出版した、この本につながる著書が他に何冊かある。『日本人の死に時』（幻冬舎新書）『人間の死に方』（幻冬舎新書）など。もっと早くにこの本の著者の事を知ることができておればと三年半前のことを思うと改めて残念に思う。

自分自身の死をうまくやりとおせるように（それは今現在を大切に生きる事にもつながる）「死」ということについて、今改めて考えておく事が重要だと思った。

あとがき

これまでの私の読書は日々の生活にとまどった時、書店もしくは図書館で背表紙を見て自分の助けになりそうな標題を見つけ購入もしくは借りてきて読むというやりかただった。ほとんど無作為に近い状況の中で読んだ本の中でも読んでみて特に感銘を受けた作家の作品はその後すべて読んでいった。本書はそんな読書の中で見つけた「生きる力」となるものを紹介したものである。

映画についても同じようなスタンスで、本を読んで感銘を受けたものを多く観ていた。重ねての記述になるかも知れないが、現時点までの私の人生の中で一番感銘を受けたのは、小説を除き、本書『第四章　あしたへの展望』の中の『「普通の人」の哲学――鶴見俊輔・態度の思想からの冒険――』で解説されている『戦時期日本の精神史―一九三一～一九四五年―』である。立命館大学文学部の小クラスでの史料購読（国際関係史　長田豊臣教授）のテキストであったこともあり、ノートと付箋を傍らに、真剣に筆記もし、参考資料を図書館で確認した。（当時はまだウェブサイトでの検索などは普及していない時代だった）鶴見俊輔さんの決意や態度、そしてこの民主的な社会を守っていくため私たちが負うべき責務などとても大切なことが示唆されており、その思いは山田太一さん、上原隆さん、梨木香歩さんにも脈々と受け継がれている。

実は、私自身のポリシーとしている言葉がある。それは、「まともであること」である。これは鶴見氏が前記の本の中で引用されている米国の劇作家、リリアン・ヘルマンが「下院非米活動委員会」に出頭した後に米国のリベラリズムへの失望のかわりに得た「人間的な品位」を鶴見氏が訳した言葉である。なんの変哲もない当たり前の言葉ではあるが、「まともさ」を堅持し続けることは実はなかなか大変な事なのである。

本を読んだ後、もしくは映画を鑑賞した後、感銘を受けたその内容というのは、本書の五つの章の各々の項目である。

一、地道な努力や苦労で過去の人達が築きあげたもの
二、色々な人生における人の生き様
三、人と人、もしくは社会との関わりの大切さ
四、どう考えどう生きるべきか
五、死への対処について

特に、何かの出来事で落ち込んでいる時に元気づけられたものや、「生き方」を教えてくれたものについては必ず記録として残していた。

いくら多くの本を読み、映画を見ても、確定的な生き方はつかみきれないと仰る方も多いのではないかと思うのだが、物事を一人で悩んでいるよりは、読書は解決のための何らかのヒントを与えてくれることは確かであると思うし、「人生の問題は走りながら解決してゆくもの」であると思うのだ。

本書では私がこれまでに書き留めてきた読書感想文などから五十余りを紹介させていただいたものである。いずれも人生に対してほんの少しかも知れないが勇気をくれるものを選んだつもりである。ただ本書は「さわり」を紹介させていただいただけのものであるため、興味を持っていただければ「その本」自体をぜひとも読んでいただきたく思う。

書物や映画は私たちに色々なことを教えてくれる。古より多くの人々が力を尽くし、社会の基盤を作ってきたこと、人生に行き詰まり先に進めなくなった時にはその道を開くためのアドバイスが得られること。社会の中で出会う人や出来事、ほんの些細な人の行為が改めて生きる意欲を与えてくれる場合もある。そして、その社会が進む方向を誤ることが無いよう、この先も幸せな社会を続かせるために、自分達はどう考えて、どう行動して行けばいいのかということ、最後に人生の終焉を迎えるための準備と心構えについてもである。

ここに紹介させていただいたものは先に述べたことを教えてくれる書籍としてはごく一部でしかない。生き方に悩んだ時自分自身のためになるもの、感銘を与えてくれるもの、生きぬく勇気をくれるものを常に探し続けることが大切であると思う。

どうか皆さま良き書籍や映画との出会いを。

二〇二三年四月

山田高司

山田高司（やまだ たかし）
1958年、兵庫県生まれ。立命館大学文学部史学科卒業。その後学士入学にて理工学部基礎工学科卒業。国土交通省で防災用電気通信施設整備に携わる。2019年、定年退職。
学生時代から書評、映画評、随筆、小説などを書き始める。1994年ホームページ、2005年ブログ開設。

世《よ》の中《なか》捨《す》てたもんじゃないよ
——私《わたし》に人生《じんせい》の愛《いと》おしさを教《おし》えてくれた本《ほん》と映画《えいが》——

二〇二三年四月十三日　第一刷発行

著　者　山田高司
発行人　久保田貴幸
発行元　株式会社 幻冬舎メディアコンサルティング
〒一五一-〇〇五一　東京都渋谷区千駄ヶ谷四-九-七
電話　〇三-五四一一-六四四〇（編集）
発売元　株式会社 幻冬舎
〒一五一-〇〇五一　東京都渋谷区千駄ヶ谷四-九-七
電話　〇三-五四一一-六二二二（営業）

印刷・製本　中央精版印刷株式会社
装　丁　弓田和則

Printed in Japan　ISBN 978-4-344-94394-0 C0095
幻冬舎メディアコンサルティングHP　https://www.gentosha-mc.com/